Elias Jammal

Aufwachen in der Welt

LAU-VERLAG
REINBEK

MIX
Papier aus verantwortungsvollen Quellen
FSC® C083411
FSC
www.fsc.org

1. Auflage 2013

Umschlaggestaltung: Steffen Faust, Berlin
Layout und Satz: Patrick Lau, Reinbek
Druck und Bindung: CPI – Clausen & Bosse, Leck
Printed in Germany 2013
ISBN 978-3-941400-45-0

www.lau-verlag.de

Prolog

Nono und ich haben unterschiedliche Lebensläufe, aber viele Gemeinsamkeiten. Beim Erzählen seiner Lebensgeschichte verschmilzt diese mit meiner, weshalb ich sie in der Ich-Form erzähle. Lediglich in dem Epilog »Ende nach dem Ende« löse ich mich von der Verschmelzung – so weit es eben geht. Das Buch handelt also von Nonos Leben, aber einiges – sicherlich nicht alles – könnte auch aus meinem Leben sein. Das Buch ist somit eine romanhafte Biographie und zugleich eine Autobiographie. Zu sagen, ich würde alle Lebenseinzelheiten im Leben Nonos auseinanderhalten, wäre eine – wie man noch im 18. Jahrhundert zu sagen pflegte – trockene Versicherung, die beinahe wie jede andere gilt.

Es gibt viele Zeugnisse der Schicksale von Juden, aber kaum welche von Palästinensern. Da beide Völker im Guten wie im Schlechten verschwistert sind, scheint es mir wichtig zu sein, dass der Leser zumindest das Schicksal eines Palästinensers und dessen Familie kennen lernt und dadurch die Möglichkeit bekommt, sich ein Bild davon zu machen, was es bedeutet, ein palästinensischer Flüchtling zu sein. Das ist zwar auch politisch gemeint, aber nicht nur. Allerdings muss ich hinzufügen, dass das auf den folgenden Seiten in Miniaturen erzählte Leben sicherlich nicht typisch ist für das Leben palästinensischer Flüchtlinge. Es geht hier um das Einzelschicksal eines privilegierten palästinensischen Flüchtlings.

Nono fing schon vor 25 Jahren damit an, Gedanken aufzuschreiben, die ihm in somnambulen Zuständen übergekommen sind. *Diese sind hier im Text kursiv gedruckt.* Ich möchte allzu gerne diese Gedanken verstehen, tue es aber bis heute noch nicht. Ich habe sie nach eigenem Ermessen bestimmten Ereignissen Nonos bzw. meinem Leben zugeordnet. Gerade in Anbetracht der Tatsache, dass das hier erzählte Leben unerwartete Wendungen hat, die in sich und im Verhältnis zueinander keine allzu große Plausibilität bzw. Kontinuität aufweisen, schien es mir wichtig zu sein, die Gedankentexte biographisch zu »verorten«.

Im Land der Kälte

Am 03. Juli 1974, im Hochsommer, landete ich auf dem Flughafen Frankfurt, mit einer Aufenthaltserlaubnis in meinem Pass für palästinensische Flüchtlinge und 300 DM in der Tasche meines Wintermantels. Auf dem Flughafen wartete eine Dame von der Stiftung, die uns im Auftrag des zuständigen Bundesministeriums aufnahm. Unsere Namen, Jugendliche aus aller Herren Ländern – wie dem Irak, Malaysia, China und Brasilien – waren auf einem großen Plakat zu sehen.

Die Dame sprach mit uns Englisch und Deutsch. Wir stiegen in einen Mercedesbus ein, in dem Schlager aus dem Radio erklangen. Der Bus fuhr auf der Autobahn. Ein Wunderwerk, dachten Khalil und ich. Die Straßen waren sauber, es roch nach steriler Kälte. Ich knöpfte meinen Mantel zu und blickte gebannt auf die lange Fahrbahn. So kalt war es aber nicht. Mir dämmerte, dass mein Vater sich wohl getäuscht hatte – er sagte immer, Deutschland sei das Land der Kälte. Später stellte sich heraus, dass es eine Kälte gibt, die Klimatisches geradezu ausschließt.

Der Bus brachte uns in eine Großstadt, und wir kamen in ein Wohnheim. Dort wurden wir in sauberen Zimmern untergebracht. Khalil und ich teilten uns ein Zimmer.

In der ersten Nacht konnten wir alle nicht schlafen. Wir versammelten uns samt Matratzen zu siebt in einem Zimmer und jeder war bestrebt, das Gespräch am Leben zu halten, damit keiner ins einsame Bett gehen musste.

Am nächsten Morgen wachte ich zum ersten Mal im Land der Kälte auf und schon stellte sich eine große Verunsicherung ein.

Wir bekamen Geld. Jeder erhielt 250 DM, und ich war reich, so reich wie noch nie in meinem Leben. Wir wurden dann in eine Arztpraxis gebracht, wo wir untersucht und geimpft wurden. Ich hatte – wie viele andere auch – einen Riesenbandwurm, der mit Medikamenten »beseitigt« wurde. Dass man sich um uns auch noch ärztlich kümmerte, war das Hauptgesprächsthema. So etwas war bis dahin keinem von uns widerfahren. Dieses Kümmern brachte eine erhebliche Erleichterung mit sich, es beruhigte.

Nachmittags machte ich einen Spaziergang um das Wohnheim herum und stand unerwartet vor einer abgesperrten Straße. Es waren halbnackte Frauen zu sehen. Ich war 18 Jahre alt, hatte bis dahin keine nackte Frau gesehen, bekam Angst und flüchtete in eine nahegelegene Kneipe, trank die erste Cola meines Lebens – das war sensationell – und kehrte schnell zurück ins Wohnheim, um allen von den Merkwürdigkeiten zu erzählen. Ein Iraker sagte mit wissendem Blick: »Du warst in einem Puff.« Ein Puff. Mein Gott. Was für ein Ausdruck!

Wir bekamen Frühstück, Mittag- und Abendessen. Ungewohnt war es, zum Frühstück Marmelade und zum Mittagessen Fleisch zu bekommen. Ich genoss Essen, das mir eigentlich nicht schmeckte. Es gab auch Ausflüge, und einmal besuchten wir ein Konzert. Vicki Leandros sang dort und für mehrere Tage hatte ich einen Ohrwurm: Theo, wir fahr'n nach Lodz.

Am 07. Juli 1974 fand das Finalspiel der Fußballweltmeisterschaft statt und das deutsche Team gewann. Bis auf unseren brasilianischen Kollegen waren alle stolz, im Lande des Fußballweltmeisters zu sein.

Bei einem Test der handwerklichen Fertigkeiten schnitten alle Stipendiaten schlecht ab. Der Meister lachte herzlich beim Betrachten der miserablen Ergebnisse unserer Arbeit. Als es ans Schweißen ging, rief er begeistert: »Männer: an die Brenner!« Seine Stimme erinnerte mich an Hollywood-Filme, in denen deutsche Offiziere im zweiten Weltkrieg zu sehen waren.

Das Zusammenwohnen mit meinem Freund Khalil war kurios. Vor dem Einschlafen schlug er mehrere Male auf sein Kopfkissen und meinte dabei, es würde ihm nicht gehorchen.

Wenn wir in Kneipen waren, bestellte er sich Bier und goss das erste Glas über seinen Kopf. Daraufhin sagte er herausfordernd: »Bier ist gut für die Haare!«

Khalil war auch sonst sehr nervös und oft gereizt, insbesondere morgens. Er litt aber auch an seinem Moslemsein, denn er meinte, Moslemsein sei mit Rückständigkeit gleichzusetzen. Wie er auf diese abstruse Idee kam, war und ist mir bis heute nicht klar.

Vor dem Abflug nach Deutschland rang Khalils gläubiger Vater ihm das Versprechen ab, er solle nicht vom Glauben abfallen. Immer wieder sagte er mir, dass er bei dem Wort »Glauben« an seinen eigenen Glauben gedacht hätte und nicht an den seines Vaters. Damit habe er nichts zu tun.

Ich stehe vor einem Spiegel, schaue mich an und sehe Mona.
Ich denke.
Ja. Ich bin eine Reise angetreten, in mich hinein.

Herkunft

Geboren bin ich, als Kind palästinensischer Eltern, vielleicht im Jahre 1956, als letzter Sohn der Familie, in Beirut, also im Libanon. Meine Mutter, die jetzt schätzungsweise knapp 90 Jahre alt ist, weiß es nicht mehr.

Meine Eltern sind im Jahre 1948 im Zuge des ersten Krieges zwischen den jüdischen Einwanderern und den Palästinensern Palästinas, die an der Seite desorientierter und schlecht ausgerüsteter arabischer Armeeeinheiten (vor allem Syrer und Ägypter) kämpften, an die Grenze zum Libanon geflüchtet. Da sie, wie viele andere auch, dachten, dass der Krieg rasch zu ihren Gunsten beendet sein würde, hinterließen sie Hab und Gut in ihrem Haus in Haifa, im Stadtteil Wadi Eljmaal. Nach Tagen des Ausharrens an der Grenze zum Libanon wurde ihnen klar, dass der Krieg verloren war. Und so schickte Vater meine Mutter mit meiner ältesten – seinerzeit einjährigen Schwester – nach Haifa, um die Habseligkeiten abholen zu lassen. Mein Vater, der 20 Jahre älter als meine Mutter war, hatte, wie in vielen anderen Situationen seines Lebens, große Angst vor dem Tod.

Nicht nur diese Begebenheit veranlasst meine Mutter und meine Geschwister heute noch, meinen im Jahre 1998 verstorbenen Vater irgendwie zu verachten. Dazu bringe ich es nicht. Er nannte mich immer Engel und Engel grollen nicht – das meint jedenfalls Schillers Amalia.

Auf Betreiben meines Vaters zog die kleine Familie in den Libanon. Meine Mutter war dagegen und sie sollte meinem Vater all die Jahre danach den Vorwurf machen, vor lauter Angst eine falsche Entscheidung getroffen zu haben. Ihr Argument lautete stets: Diejenigen, die in Palästina geblieben sind, würden zwar als Menschen dritter Klasse in Israel leben, aber immerhin seien sie zuhause und keine Flüchtlinge. In einem Atemzug erzählten beide dann von der Schönheit Palästinas und immer erwähnten sie Jericho. Jericho, arabisch »Ariha«, ist die wohlduftende Stadt. Dort, so mein Vater, würde es ganzjährig nach Orangen duften.

Im Übrigen:

Die Auswanderung von Juden nach Palästina erfolgte auch schon im 19. Jahrhundert unter einem unerträglichen antisemitischen Druck in Europa. Weder Assimilation noch Emanzipation schützte die Juden in Europa vor Unterdrückung und Pogromen. In seinem Buch »Der Judenstaat« aus dem Jahre 1896 entwirft der Journalist Theodor Herzl die nationalistische Vision eines »Judenstaates in einem souveränen Staat«. Ihm geht es berechtigterweise um die Rettung der Juden. Zwei Länder, in denen – so heißt es bei ihm – bereits eine jüdische Infiltration stattfindet, kämen dafür in Betracht. Er schreibt:

»Zeigen sich nun die Mächte bereit, dem Judenvolke die Souveränität eines neutralen Landes zu gewähren ... Zwei Gebiete kommen in Betracht: Palästina und Argentinien ... Palästina ist unsere unvergessliche, historische Heimat. Dieser Name allein wäre ein gewaltiger und ergreifender Sammelruf für unser Volk«.

In der Hoffnung auf eine Wiedererlangung ihrer Souveränität kämpften die Araber im Ersten Weltkrieg auf der Seite der Alliierten (also der Franzosen und Engländer) gegen die Osmanen. Mit dem Zusammenbruch des osmanischen Reiches wurden die Länder des fruchtbaren Halbmondes – Libanon, Syrien, Irak, Transjordanien und Palästina – unter den Siegermächten Frankreich und England aufgeteilt. Die organisierte jüdische Einwanderung nach Palästina intensivierte sich im 20. Jahrhundert und erreichte ihren Höhepunkt mit der Machtergreifung Hitlers.

Zwischen den Jahren 1932 und 1938 wanderten etwa 200.000 Juden nach Palästina aus. Eine »Legitimation« der organisierten Einwanderung lieferte die sogenannte Balfour-Deklaration aus dem Jahre 1917: »The English Empire« erklärte sich damit einverstanden, dass in Palästina eine »nationale Heimstätte« des »jüdischen« Volkes errichtet wird. Die Einwanderung und die Landnahme in Palästina waren durch jüdische Organisationen geregelt, deren Entstehung zum Teil auch Herzl zu verdanken ist.

Die Palästinenser in Palästina wehrten sich mehrfach gegen die massive jüdische Einwanderung. Nach dem zweiten Weltkrieg kam es dann zum ersten arabisch-israelischen Krieg, der mit der Ausrufung des Staates Israel im Jahre 1948 begann und nach 14 Monaten mit der Niederlage der arabischen Armeen endete.

Während des Krieges flüchteten über 700.000 Palästinenser überwiegend in die benachbarten Länder Syrien, Transjordanien, Ägypten und in den Libanon. Heute wird die Zahl der Palästinenser weltweit auf 10,4 Mio. geschätzt, wovon 4,8 Mio. registrierte Flüchtlinge sind. In Israel leben 1,6 Mio. Palästinenser und 4,0 Mio. in Gaza und auf der Westbank, also in den sogenannten Autonomiegebieten. Von den 4,8 Mio. registrierten Flüchtlingen leben etwa 29 Prozent (1,4 Mio.) in 59 Lagern im Libanon sowie in Syrien, Jordanien, im Gazastreifen und auf der Westbank.

Die Zahl palästinensischer Flüchtlinge im Libanon wird auf 425.000 geschätzt, davon leben 53 Prozent (226.000) in 12 Flüchtlingslagern. Sie haben in der Regel Flüchtlingspässe, ausgestellt vom libanesischen Staat, erhalten Nahrungshilfe durch eine UNO-Unterorganisation und dürfen nur in wenigen Billiglohnberufen wie z. B. in der Müllentsorgung arbeiten. Erst im Jahre 2010 wurde beschlossen, Arbeitserlaubnisse für weitere Hilfsarbeiter- und Handwerksberufe auszustellen.

Flucht in den Libanon

Nach einigen Stationen im libanesischen Grenzgebiet bezog meine Familie eine Einzimmerwohnung in Beirut, und mein Vater, der Analphabet war, suchte Arbeit, als Maurer, spezialisiert auf den Bau von Holzbacköfen. Dass er Maurer war, erwies sich als Glücksfall, da Palästinensische Flüchtlinge alsbald keine Arbeitserlaubnis mehr erhielten, Maurer aber grundsätzlich schwarz arbeiteten.

Was nun mit der Familie zwischen 1948 – den ersten Jahren im Libanon – und meiner Geburt im Jahre 1956 geschah, ist nicht überliefert. Fest steht nur, dass drei weitere Kinder noch vor meiner Geburt in relativ kurzen Abständen folgten: zwei Mädchen und ein Junge, mein älterer Bruder. Insgesamt waren wir also fünf Kinder.

Wir Kinder schliefen in einer fast »Zweizimmerwohnung« auf dem Boden in einem Zimmer. Die Eltern schliefen im Korridorzimmer. Die Toilette war im Hof, die kleine Küche ebenso. Die Wohnung befand sich am Rande des Slum-Viertels Naba'a, in dem hauptsächlich schiitische Libanesen lebten. Unsere Familie und ein älterer Herr im ersten Stock waren die einzigen Christen in der Gegend. Ich für meinen Teil wusste hiervon jedoch nichts. Ich meine damit, dass wir Christen waren. Mein Vater hatte Sprüche aus der Thora, dem Neuen Testament und dem Koran auswendig gelernt. Juden, Christen und Muslime lebten in Palästina weitgehend friedlich zusammen und so war es wohl für uns Palästinenser nicht ungewöhnlich, alle drei Religionen anzuerkennen. Erst als ich für einige Wochen Messdiener in der Kirche war (hauptsächlich wegen der leckeren Oplaten, die bei den Griechisch-Orthodoxen obendrein in einer pompösen Lithurgie serviert werden), wurde ich gewahr, dass wir Christen sind – wenn auch meine Vorstellung davon ziemlich diffus war.

Beirut

Unsere Wohnung befand sich im Erdgeschoss eines dreistöckigen Hauses. Der Hof, mit Tor und Gitter zur Straßenseite, diente uns Kindern als Spielplatz. Für die Erwachsenen war er ein erweitertes Wohnzimmer und manchmal fanden darin Festlichkeiten statt, wie z. B. die Taufen der Kinder. Auch ich wurde in diesem Hof getauft. Wenn Freunde meiner Eltern kamen saßen wir im Hof und meine Mutter war damit beschäftigt, alle zufrieden zu stellen. Serviert wurden: Hummus (passierte Kichererbsen mit Sesamsoße, Zitrone und Knoblauch), Kibbeh (Weizenschrot mit Zwiebeln, Pinienkernen und einem Hauch von Fleisch) und ein reduzierter Armer Ritter (im Ofen gebackene Brotreste mit Margarine und Zucker). Wie sie es immer wieder zuwege brachte alle Gäste zufrieden zu stellen, ist mir bis heute ein Rätsel.

Schon nach dem ersten Arak (ein Schnaps aus Trauben und Anis, ähnlich wie Pernod oder Pastis, nur stärker) fing mein Vater an zu singen. Es waren vor allem die Lieder von Fernweh, nach Palästina und von unerfüllter Liebe, die alle zu Tränen rührten. Dann gab es Wettkämpfe. Es wurden Stühle aufeinander gestapelt, man musste ein Stuhlbein in die Hand nehmen und den Stapel in die Luft heben. Gewonnen hat immer mein Vater.

Mit 4 Jahren ging ich für zwei Monate in den Kindergarten, bis ich nach Hause geschickt wurde, da ich die Leiterin mit Steinen beworfen und wüst beschimpft hatte. Der Grund war, dass wir jeden Morgen Lebertran–Tabletten zu uns nehmen mussten und ich genau das nicht wollte, weil ich mich davor ekelte. Jedenfalls durfte ich nicht mehr in den Kindergarten. Die Leiterin hatte es abgelehnt, mich wieder aufzunehmen.

Draußen vor dem Hof war die Kriegswelt, denn die Kinder aus der Umgebung waren allesamt in Banden organisiert. Wir spielten Angriff und Gegenangriff und bastelten unser Spielzeug selbst: Pistolen, Kanonen und ähnliches. Die Fabriken in der Nähe hatten alles, was unsere Kampfeinheiten benötigten: also Rohre, Metall, Holz usw. Wir bedienten uns abends reichlich davon.

Um uns im »Kampfgebiet« fortzubewegen, bauten wir Bretter mit Rädern, auf denen wir sitzen konnten und von anderen geschoben wurden. Man konnte das »Fahrzeug« auch lenken. Dafür hatten wir eine Art Achse für die Räder gebaut, und die Vorderachse war beweglich gestaltet.

Für die Kanonen benutzten wir Rohre, in die wir eine dicke Feder einbauten. Zogen wir an der Feder, konnten wir damit Steine auf unsere Gegner schleudern. Um noch effektiver zu kämpfen, benutzten wir die Metalldeckel von Olivenölbehältern wie Frisbee–Scheiben, mit dem Unterschied, dass die Scheiben in den Körper des Gegners eindringen sollten. Einmal traf mich eine solche Scheibe ins Bein. Ich zog sie heraus und tauchte mein Bein in einen Sandhügel. Es hieß, Sand würde Wunden heilen. Jedenfalls verschloss der Sand die Wunde.

Eigentlich ahmten wir die christlichen und muslimischen Milizen nach, die sich immer wieder Kämpfe lieferten. Eine Gruppe ahmte die Christen, eine andere die Muslime nach, obwohl allesamt Muslime waren (ich war das einzige christliche Kind).

Sonntags wollten die Eltern, dass die Kleinsten nach dem Mittagessen schlafen. Das Mittagessen bestand meistens aus Brot mit Thymian und Wassermelone. Als Belohnung für den Schlaf gab es Eis. Der Eisverkäufer kam ans Fenster und mein Bruder und ich teilten uns eine Kugel. Ich glaube heute, dass ich immer mehr als er aß und meine Eltern dazu nur lächelten. Ich war ja der Kleine. Höchstwahrscheinlich litt mein Bruder darunter.

Die kleinen Geschäfte in der Umgebung erfüllten einige unserer Sehnsüchte. Vor allem die in Säcken aufgehäuften Nüsse und Pistazien waren eine leichte Beute. Mehrere Bandenkinder gingen dann in ein solches Geschäft und zwei von ihnen hatten die Aufgabe, sich die Taschen mit Pistazien und Nüssen zu füllen. Manchmal gelang es auch, eine Tafel Schokolade mitzunehmen und derjenige, der dies vollbringen konnte, war natürlich unser Held.

Ich erinnere mich an kein einziges Mädchen aus dieser Zeit. Es war eine von Jungs dominierte Spielwelt.

Im Übrigen:

Schon in der französischen Mandatszeit wurde das fragile konfessionelle Proporzsystem im Libanon eingeführt. Im nationalen Pakt von 1943 wurde den maronitischen Christen der Posten des Staatspräsidenten, den muslimischen Sunniten der Posten des Ministerpräsidenten zugesprochen und die Schiiten konnten den Posten des Parlamentspräsidenten besetzen. Da seit 1932 keine Volkszählung im Libanon stattgefunden hat, weiß niemand genau, ob die Mehrheitsverhältnisse dieser konfessionellen Aufteilung noch entsprechen. Schon Anfang der 1950er Jahre fanden bewaffnete Auseinandersetzungen zwischen Christen und Muslimen statt.

Schule

Ich war 6 Jahre alt, als ich eingeschult wurde. Dieses Einschulungsalter galt landesweit. Das libanesische Schulsystem orientierte sich nach dem damaligen französischen System: Auf die 6-jährige Primarstufe folgte die Sekundarstufe I (4 Jahre), die mit dem sogenannten Brevet (Mittelschulabschluss) endete. Wer diesen Abschluss schaffte, konnte in die Sekundarstufe II (2 Jahre) einsteigen, die zum Baccalaureat (Abitur) führte. Einen Hauptschulabschluss im Sinne des deutschen Systems gab es nicht. Wer die Schule vor dem »Brevet« verließ, war im Grunde mehr oder weniger in funktionaler Hinsicht (also bezogen auf gesellschaftliche und politische Teilhabe) ein Analphabet.

Die Schulen der UNO-Organisation UNRWA waren die Bildungsstätten der palästinensischen Flüchtlingskinder. Wie auch in der palästinensischen Bevölkerung insgesamt machten die Christen an der Schule weniger als 3% der Gesamtschülerzahl aus. Wir mussten alle den Koranunterricht besuchen. Das empfinde ich heute als Segen, da ich dadurch gute Kenntnisse des Korans erlangen konnte.

Die Schule war 20 Minuten von unserer Wohnung entfernt. Sie lag auf einem kleinen Hügel, umgeben von Sandflächen, die als Schulhof dienten. Auf dem sandigen Schulhof patrouillierten die Lehrer und die Kinder durften spielen. Die Jungs mussten ausnahmslos kurzes Haar tragen.

Die Klassenräume waren überfüllt und dreckig. Wenn der Schulleiter uns Kinder begrüßte, sagte er oft, wir Palästinenser müssten der Welt durch Bildung beweisen, dass wir eine Heimat verdienten. Ich muss gestehen: Bei mir ergab sich dadurch kein Motivationsschub. Eher hat die Schule das Bewusstsein gestärkt, dass man eben nicht »normal« ist. Normal waren die Libanesen, die ja Zuhause waren.

Bis auf die Arabischstunden bestand die Unterrichtssprache aus einer Mischung aus Arabisch und Englisch. Wir mussten alle eine bläuliche Schuluniform tragen, deren Anschaffung von der UNRWA mit 75% der Kosten bezuschusst wurde (so weit ich mich erinnern kann). Zu Beginn des Schuljahres bekamen wir die Schulbücher kostenlos. Schulhefte sowie Bleistifte etc. mussten wir selbst kaufen, was natürlich für meine Eltern ein großes Problem darstellte. Der Schulbeginn rief eine finanzielle Ausnahmesituation hervor.

Die Lehrer an der Schule hatten bestenfalls Abitur und der Unterricht war eigentlich kein Unterricht, sondern eher eine Kombination aus Lehrer–Predigt, Auswendiglernen und Drohungen, mit Konsequenzen für die Schüler, falls die Predigt nicht richtig wiedergegeben wurde; und vor allem aus den tatsächlichen Konsequenzen. Diese reichten von Lob für die guten und Beleidigungen der schlechten Schüler, jedoch in der Regel mit körperlicher Gewalt gegen die Letzteren, natürlich vor allen anderen Mitschülern. Das arabische Sprichwort wurde akribisch umgesetzt: »Bei Prüfungen wird der Mensch geehrt oder erniedrigt«.

Immer geht es um Stolz und Ehre im Leben der Menschen. Nicht nur in der Sprache bzw. in den Redensarten und Sprüchen, sondern auch in den Spielen steht die Ehre eines

Menschen im Vordergrund. Das Mann-Sein – natürlich auch bei Jugendlichen – muss sich stets zeigen, vor allem an der körperlichen Stärke und an der Erhaltung bzw. Rettung der Ehre derjenigen Frauen, die sozusagen dazugehören.

Von den Leistungen her war ich der Vorletzte der Klasse, bis auf das Fach Englisch. Der Mathematiklehrer, der uns auch in Arabisch und Geschichte unterrichtete, hatte den schönen Namen »Esel« für mich. So rief er »Esel, komm vor«, wenn ich an die Tafel sollte. Da es klar war, dass ich die Antworten auf seine Fragen nicht wusste, lief es eigentlich immer auf eine Schelte hinaus, begleitet von Schlägen mit einer dicken Holzlatte auf die Handflächen und im Winter auf die Fußsohlen – ohne Socken natürlich. Dabei blieb es allerdings meistens nicht. Er war Hobby-Boxer und liebte es, mich an den Koteletten in die Höhe zu stemmen und mir anschließend in die Brust zu boxen. Das wiederum konnte er mit Leichtigkeit tun. Er hatte einen voluminösen Brustkorb und starke Muskeln. In die Schule gehen zu müssen, war für mich erfüllt von Furcht und Zittern. Ich wusste, dass der Schultag nicht gut ausgehen würde.

Wenn ich nach Hause kam und mich über die Schmerzen beklagte, die die Boxer-Schläge verursacht hatten, tröstete mich meine Mutter, sagte aber zu mir, ich sei selbst schuld und müsste mehr lernen. Auch meine Geschwister waren der Meinung, dass die Schläge mich auf den »richtigen Weg« bringen würden.

Im Übrigen:

Das wohl meist verwendete, bedeutungsschwangere Wort aus meiner Kindheit ist »Aib«, was so viel bedeutet wie »das ist Schande« oder »das macht man nicht«. Dieses auf das soziale Ansehen bezogene Wort ist mächtig, da es in der Verwendung zur Unterbindung bzw. Hervorrufung von Handlungen führt (es ist also performativ). Tabuisiertes, das von ungeschriebenen sozialen Normen umhüllt ist, wird damit bewahrt und oft bezieht sich »Aib« auf das, was die Ehre eben gefährdet. Sexualität ist dabei natürlich ein zentrales Tabu-Thema und bezogen auf Frauen ist »Aib« gravierend.

Um nur einige Beispiele zu geben: »Aib« ist es, wenn ein kleines Mädchen in der Öffentlichkeit den Rock hochhebt; wenn ein Mensch Geiz zeigt; wenn man zu kondolieren versäumt; wenn eine Frau einen zu kurzen Rock trägt; usw. usf. Wer die ehernen Aib-»Gesetze« verletzte, wurde von den am nächsten stehenden Menschen ermahnt. Manchmal, je nach Rigidität des Umfeldes, wurde er auch geächtet und im Extremfall stigmatisiert.

Erste Liebe

Ich war 10 oder 11 Jahre alt, da verliebte ich mich in Mona, eine Mitschülerin in einer höheren Klasse. Sie war zierlich, hatte braune Augen, relativ kurzes schwarzes Haar und einen verträumten Blick, in dem ich mich immer wieder verlor und wiederfand.

Ausgerechnet Mona. Denn der Hobby-Boxer hatte Mona zu seiner zukünftigen Frau auserkoren und irgendwie bekam er mit, dass ich Mona einen Brief schrieb. Das hatte verheerende Folgen für mich. Die Schläge wurden härter.

Kurz vor Ostern war es: Ich schlug Mona in dem Brief eine Verabredung am Ostersonntag um 13:00 Uhr vor einer nahegelegenen Kirche vor. Meine zahlreichen Pickel im Gesicht verdeckte ich mit Pflasterstreifen, die aber in der prallen Sonne nicht mehr gut klebten und in meinem Gesicht herunter hingen.

Mona mit ihren tiefen wunderschönen Augen kam natürlich nicht. Die Erfahrung unerfüllter Liebe, wovon die arabischen Lieder fast durchweg handeln, setzte bei mir also sehr früh ein.

Monas Wegbleiben hinterließ tiefe Spuren. Ich verfiel von da an immer wieder in Trauer und fortan stand irgendwie fest, dass das Leben mich quasi ausgesondert hatte.

Der Außenseiter und das Meer

Trotz der verheerenden Enttäuschung über Monas Fernbleiben, verliebte ich mich später in unsere Nachbarin Fairuz. Sie war 15 Jahre alt, groß und hatte blaue Augen. Von Balkon zu Balkon gingen die Blicke mit einladendem Lächeln aus den Mundwinkeln, in der Hoffnung, dass der andere das Lächeln wahrnehmen würde. Mehr als das war nicht erlaubt.

Ohnehin konnte ich nicht mit ihr sprechen, ich meine, ICH konnte es nicht. Mir wäre nichts eingefallen. Mein Bruder gab mir Ratschläge. Ich solle z. B. witzig sein, sie zum Lachen bringen. All das brachte ich nicht zustande. Und so blieb es bei einer angedeuteten Liebe.

Als ich 13 Jahre alt wurde, war ich 186 cm groß, hatte eine dicke Brille, war ziemlich dünn und das Gesicht voll mit Pickeln übersät. Es waren also insgesamt nicht gerade ideale Voraussetzungen, um ein Mädchenherz zu erobern. Die lebenslustigen Freunde meines Bruders fingen an, mich Professor zu nennen. In Anbetracht meiner miserablen Schulleistungen war das sicherlich eine Beleidigung des Berufsstandes.

Ich war wenig am Lesen interessiert und eine Art Clown der Familie. Mein Bruder ärgerte sich immer wieder darüber, dass ich faul und politisch uninteressiert war.

Für die Familie habe ich vermutlich nicht nur deshalb den Clown gespielt, um das triste Leben aufzuheitern, sondern auch, weil es mir unendlich Freude bereitete und heute noch bereitet, Möglichkeiten auszuprobieren, wie man sich verwandeln kann und dabei andere Menschen zu unterhalten. Allerdings gelang mir das damals nicht im Beisein von Mädchen.

Traurig wurde es für mich an den Silvester-Feierlichkeiten. Alle hatten einen Grund, dem Anlass entsprechend zu feiern. Ich hingegen weniger. Wohl aus Mitleid nahm mich meine älteste Schwester zu einer Silvesterparty mit und ich durfte mit einer ihrer Freundinnen tanzen. Sie war 26 Jahre alt und die Körperberührung während des Tanzes war längst nicht so betörend wie ihr Parfüm. Zum ersten Mal in meinem Leben fühlte ich so etwas wie einen fremden Körper …

Den eigenen Körper fühlte ich in Gänze im Meer. Mit meinen Kameraden bin ich bis auf die Wintermonate jeden Sonntag mit dem überfüllten Bus ans Meer gefahren. Nicht nur der Innenraum des Busses war überfüllt. Wir hingen meistens am Heck mit einer Hand an der Dachreling. »Außenfahrgäste« zahlten weniger. Der Kassierer musste sich von Gast zu Gast schwingen, um das Fahrgeld einzusammeln.

Wunderschön und wundersam waren nicht nur die Wellen, die Farben und der Meeresgeruch, sondern vor allem das Aufgenommen-Sein und Mitgenommen-Werden im Wasser.

Wer am Meer aufwächst, fühlt ein Leben lang so etwas wie Verbundenheit mit ihm.

Der kranke Schulversager

Die landesweiten Prüfungen zur mittleren Reife standen an, und meine jüngste Schwester war verzweifelt. Sie versuchte, mich auf die Prüfung vorzubereiten und musste resignierend meiner Mutter berichten, dass ich eigentlich nicht die geringste Chance hätte, die Prüfung zu bestehen. Es war auch so. Arabisch, Geschichte und Mathematik stellten für mich rätselhafte, unüberwindbare Hindernisse dar. Warum das so war, ist mir bis heute nicht ganz klar.

Am ersten der zwei Prüfungstage aß ich in der Pause ein Thymian-Brot, kehrte nach Hause zurück und wurde krank. Ich hatte hohes Fieber und war nicht in der Lage aufzustehen. Heute sagt meine Mutter, es sei Malaria gewesen. Jedenfalls hielt die Krankheit sechs Monate an und ich wurde mit Medikamenten – hauptsächlich Antibiotika – vollgestopft. In diesen Monaten war ich immer geschwächt und hatte Fieber, das stets zwischen 38 und 40°C schwankte. Die Vermutung, mein Fieber hätte mit Monas Wegbleiben zu tun, ist vermutlich zu gewagt.

Einmal hörte ich, wie mein Bruder, der als einziger in der Familie das Abitur hatte und folglich der »Gebildete« war, meiner Mutter sagte, ich sei sicherlich an Krebs erkrankt. In der Nacht darauf fiel ich im Traum in einen unendlich tiefen Schlund und der Sensenmann war anwesend. Ich schrie, wachte auf und meine Mutter tröstete mich. Am nächsten Tag hatte ich kaum noch Fieber. Der Sensenmann hatte mich wohl abgewiesen.

Ich bin und heiße. Doch was nützt das jetzt? Denn gestern in der Nacht kam ein Traum und nahm mich mit. Heute bin ich zwar da, nur ist alles anders geworden.

Ich bin auf einer langen Reise, auf einem kleinen Schiff, auf offenem Meer. Es regnet Worte. Vergeblich versuche ich, Worte zu fangen, alle ertrinken im Meer. Die schöne Mona, meine erste Liebe, hält innig einen Bumerang in der Hand. Der Bumerang spaltet ein blutendes Herz. Kirchenglocken läuten für Mona.

Schöne Melodien sind zu hören. Langsam werden sie aber von Trommelschlägen übertönt. Die Trommelschläge sind Blutstropfen. Obwohl das Schiff langsam untergeht, versuchen Mona und ich das Blut zu trinken. Vergeblich.

Der Bumerang steigt, das Schiff gerät in heftige Bewegung und sinkt.

Was soll dieser Traum bedeuten?

Berufliche Ausbildung in der Hölle von Beirut

Die große Familienfrage war nun: was tun mit dem Schulversager? Einig war man sich jedenfalls darin, dass ich für die reguläre Schule auf gar keinen Fall taugte. Also beschloss man, mich auf eine Sonderschule mit beruflicher Orientierung zu schicken. Irgendjemand machte eine Schule für palästinensische Flüchtlingskinder ausfindig, die eine Ausbildung in Klima- und Kältetechnik anbot. Es war eine kirchliche Einrichtung, untergebracht im Erdgeschoss eines Hochhauses.

Um zur Schule zu kommen, musste ich – stets zu Fuß – die Innenstadt von Beirut durchqueren, vorbei an den Prachtbauten, Banken und Fluggesellschaften. Es gab auch die Imbissstuben für die Angestellten dieser Unternehmen mit gebratenen Hühnerleber-Sandwiches und ähnlichen Leckereien, die ich mir nicht leisten konnte. Mit der Zeit lernte ich, wie man unentgeltlich zu Sandwichbroten kommen kann. Ich stahl sie einfach.

Für den Fußweg in die Schule benötigte ich 90 Minuten. Immer wieder kam es zu Schießereien in der Stadt, anfangs zwischen libanesischen Christen und Muslimen, später dann zwischen Milizionären der Palästinensischen Befreiungsorganisation PLO und der libanesischen Polizei oder Armee. Besonders gefährlich waren die Demonstrationen. Fast wöchentlich gab es unerwartete und plötzlich auftauchende Ansammlungen von Menschen, die gegen irgendetwas protestierten und es fielen immer Schüsse. Leider fanden die Demonstrationen genau auf dem großen Platz in der Innenstadt statt, den ich auf meinem Weg in die Schule überqueren musste.

Bei allem galt für uns die Devise: niemals den palästinensischen Flüchtlingspass zeigen, den man Malkafi (übersetzt: Decke) nannte. Er bestand aus lumpigem Papier mit mehreren Seiten. Als in den 70–er Jahren die Auseinandersetzungen zwischen der PLO und der libanesischen Armee anfingen, blieben wir oft aus Furcht vor Racheakten der Armee zuhause. Für uns christliche Palästinenser wurde es noch schwieriger, als die PLO sich mit den muslimischen Parteien im Libanon gegen die libanesischen Christen verbündete. Für die libanesischen Christen waren wir Feinde, da wir Palästinenser und für die muslimischen Libanesen, weil wir Christen sind.

Von unserem Haus aus konnten wir beobachten, wie die libanesischen Kampfjets das Flüchtlingslager Tal El Zaatar bombardierten. Natürlich standen wir als Palästinenser auf der Seite der PLO.

Die PLO war zu jener Zeit eine säkulare, im politischen Sinne eher linksorientierte Organisation – um einen heute fast obsoleten Begriff zu verwenden. Unter den palästinensischen Milizionären war das Schimpfwort »Verflucht sei dein Gott« beliebt.

Angst hatten wir vor allem vor den libanesischen, christlichen Fanlangisten-Milizionären (das sind extrem nationalistische christliche Maroniten) und vor den muslimischen, paramilitärischen Einheiten, die sich Nasseristen nannten. Als Nasser, der charismatische ägyptische Präsident, der über den Sender »Die Stimme der Araber aus Kairo« seine panarabischen Phantasmen verbreitete und die Illusion näherte, man könne Israel besiegen, im Jahre 1970 starb, war ich mit meinen Geschwistern in einer Spätvorstellung im Kino in der Innenstadt Beiruts. Der Film lief, als jemand in den Saal hineinstürmte und schrie: »Nasser ist tot, Gott ist tot«. Die Stadt stand Kopf und wir gingen über Schleichwege angstvoll nach Hause.

Im Übrigen:

Die PLO, gegründet im Jahre 1964, war mit bewaffneten Einheiten in Jordanien präsent. Die Palästinenser bilden heute mehr als 50 Prozent der Bevölkerung Jordaniens. Es gab Flugzeugentführungen seitens palästinensischer Splittergruppen, und die PLO-Kämpfer griffen immer wieder von Jordanien aus israelische Soldaten an. Darauf reagierte Israel mit Strafaktionen, die natürlich auch Jordanier trafen. Auch nahm die Spannung zwischen der jordanischen Armee und der PLO zu. Im Jahre 1970 kam es dann zu bürgerkriegsähnlichen Kämpfen zwischen der jordanischen Armee – rekrutiert vor allem aus den beduinischen Stämmen – und den PLO-Kämpfern. Die Auseinandersetzung endete mit dem sogenannten Schwarzen September. Während des Schwarzen Septembers hörte ich auf

Kurzwelle die Stimme Arafats, wie er flehend die anderen arabischen Staaten, vor allem Ägypten, um Hilfe bat. Sein Flehen verhallte. Viele Palästinenser starben bei diesen Kämpfen und die PLO musste Jordanien verlassen. Die Organisation, samt Kampftruppen, ging in den Libanon. Dort dauerte es nicht lange, bis Auseinandersetzungen mit der libanesischen Armee und bewaffneten christlichen Milizen ausbrachen.

Wer den libanesischen Bürgerkrieg (der nach offizieller Lesart im Jahre 1975 ausbrach und im Jahre 1990 endete) tatsächlich angezettelt hat, ist bis heute unklar geblieben. Jedenfalls brauchte es zwei oder drei Überfälle, abwechselnd auf Palästinenser, auf libanesische Christen und auf libanesische Muslime, um den ohnehin – auch ohne die Palästinenser – extrem fragilen »kalten Krieg« zwischen Christen, die den status quo der konfessionellen Machtaufteilung und Muslimen, die eben diese Machtaufteilung ablehnten, in einen offenen Bürgerkrieg münden zu lassen. In dem Bürgerkrieg, in den Israel und Syrien heftig involviert waren, gab es Gräueltaten von allen Seiten.

Es ist zwar richtig, dass die PLO ein eh schon fragiles Gleichgewicht zwischen den libanesischen Gruppierungen des Libanons störte. Und gewiss haben die Provokationen der PLO-Guerilleros an der Südgrenze des Libanons zu Racheaktionen Israels gegen den Libanon geführt, die den libanesischen Staat zu Strafmaßnahmen gegen die PLO veranlassten, worauf die PLO wiederum in einer mörderischen Selbstüberschätzung ebenfalls mit Gewalt reagierte. Nicht zu vergessen sind zudem die Attacken der PLO auf die libanesische Polizei. Wahr ist allerdings auch, dass die primär politisch motivierten Konfrontationen zwischen den christlichen und sunnitischen Parteien des Libanons bereits Mitte der 1950er Jahre anfingen und dass die Mitglieder der Parteien schon immer bewaffnet waren. Wahr ist auch, dass der Staat den dominant schiitischen Süden des Landes verkümmern ließ. Man hatte eine Kulisse aufgebaut und inszenierte darauf die »Schweiz des Nahen Ostens«. Die Kulisse bestand aus Vorzeigegebieten, wie z. B. Hamra und Manara. Versteckt wurden Flüchtlingslager und Schiitengebiete.

Die Rettung

Wir hatten an der beruflichen Schule zwei Lehrer, einen für Theorie und einen anderen für den praktischen Unterricht in »Klima- und Kältetechnik«. Ersterer war Ingenieur, ein libanesischer Armenier. Er aß in der ersten Pause immer einen Teller Saubohnen. Der andere Meister war ein Deutscher, ein Entwicklungshelfer im Dienst der Kirche. Sein Name war Adam Engel[1]. Wieder ein Engel.

Später, viel später bei einer kurzen Begegnung bemerkte ich, dass er Schwabe war.

Mein einziger Freund noch aus der Schulzeit war Khalil, ein muslimischer Palästinenser, dessen Eltern im Jahre 1948 aus Jaffa geflohen waren. Heute ist Jaffa mehrheitlich von Israelis bewohnt.

Khalil besuchte mit mir die berufliche Schule und wir waren oft in der Bibliothek vom British Council in Beirut. Dort nahmen wir Bücher über Klima- und Kältetechnik mit. Wir konnten uns einfach keine Bücher leisten, also bedienten wir uns beim ehemaligen British Empire. Es wäre jetzt übertrieben, zu sagen, wir wollten uns damit an den Englän-

---

[1] Bis auf den Nachnamen von Nonos Lehrer sind alle Namen frei erfunden.

dern rächen, die sich in der Balfour-Deklaration (1917) mit der Errichtung einer Heimstätte für das jüdische Volk einverstanden erklärten.

Ich war der Klassenbeste – eine völlig neue Erfahrung. Warum war der Schulversager nun auf einmal der Klassenprimus? Eine gute Frage, auf die ich bis heute keine befriedigende Antwort weiß. Sicherlich spielte dabei die Tatsache eine wichtige Rolle, dass es jemanden gab, der mich mochte und unterstützte.

Mein Engel mochte mich und nahm mich oft zu sich nach Hause mit. Er brachte mir das Tauchen bei, und oft aß ich bei ihm. Er hatte vier Kinder und ich war irgendwie sein fünftes. Auch das Funken über Kurzwelle lernte ich bei ihm. Als ich zuhause eine entsprechende Antenne auf unserem Hausdach bauen wollte, verbot es meine Mutter, da die Milizionäre denken könnten, ich wäre ein Spion. Also blieb es bei dem Vorsatz des Antennenbaus.

Mein Engel eröffnete mir gegen Ende meiner Ausbildung, er könne mir ein Stipendium für eine Berufsausbildung in Deutschland ermöglichen. Ich erzählte es meiner Mutter und sie war glücklich, für mich und für die Familie.

Drei andere Schüler erhielten auch ein Stipendium: mein bester Freund Khalil, der unangenehme Zeitgenosse R. und ein palästinensischer Christ, den ich nicht näher kannte. Er kam aus dem Lager für christliche, palästinensische Flüchtlinge mit dem Namen Dbaii.

Ich schloss die Berufsausbildung ab und arbeitete 3 Monate als Klima- und Kältetechniker bei einer amerikanischen Firma im Stadtzentrum von Beirut. Der griechische Firmeninhaber muss wohl von den Allüren britischer Kolonialherren im alten Indien fasziniert gewesen sein, denn er ahmte sie gut nach. Einmal sagte er, in weißer Hose mit Kaki-Hemd bekleidet, er würde keine Muslime einstellen. Mich habe er eingestellt, da ich Christ sei und ihm von meinem Engel wärmstens empfohlen worden wäre. Eigentlich war er unerträglich.

Während dieser Zeit nahm ich für drei Monate Deutschunterricht am Goetheinstitut in Beirut. Die deutsche Botschaft übernahm die Kosten. Im Goetheinstitut hingen verheißungsvolle Bilder aus vielen Städten der damaligen Bundesrepublik, vor allem von der Hauptstadt Bonn. Ich erinnere mich kaum noch an den Unterricht und gehe davon aus, dass er wenig effektiv war, zumal ich tagsüber als Klima- und Kältetechniker arbeitete und den Unterricht nach der Arbeit besuchte. Jedenfalls erfassten mich immer Glücksgefühle beim Betreten der Räume des Goetheinstituts.

Meine Mutter verkaufte ihren Hochzeitsschmuck, um mir Kleider zu kaufen. Wichtig war der Wintermantel, da mein Vater immer sagte, Deutschland sei das Land der Kälte (also nicht das kalte Land). Er meinte wohl damit, dass die Kälte dort an der Quelle und folglich »echt« sei! Eine merkwürdige Betrachtung. Heute weiß ich, dass Kälte und Wärme weltumspannende Phänomene sind und dass die Kälte nicht in einem Land an der Quelle ist, sondern in den Gedanken und Taten von Menschen, unabhängig von ihrer Nationalität.

Ich bekam 300 DM von meiner Mutter und die Familie brachte mich zum Flughafen in Beirut. Alle weinten, nur ich nicht. Warum sollte auch der Versager weinen, der ständig ein Mauerblümchendasein fristete und von Ängsten geplagt war? Fremder als die Fremdheit in Beirut konnte es im Land der Kälte nicht sein. Und vor allem, ich konnte endlich den Kakerlaken entfliehen.

Die Maschine der Middle East Airlines hob ab und ich sah zum ersten Mal in meinem Leben Beirut von oben. Seit diesem ersten Flug überfällt mich an Flughäfen diffuses Heimweh.

Ein Traum hat mich vom Leben weggerissen und in ein Niemandsland zwischen Gestern und Heute versetzt – wo der Wind mich kalt anweht und die Einsamkeit der Ort ist, an dem ich bin. Nun bin ich mein eigener Gefangener und halte mich umarmt fest, damit aus mir kein grausamer Wärter wird, der mich gar quält.

Sprache, Liebe und Welt

Eine Woche nach unserer Ankunft fing der Deutschunterricht an. Eine attraktive Lehrerin des Goetheinstituts stand vor uns und jeder war bemüht, ihr Herz zu erobern.

Ich wurde langsam gewahr, dass ich bis dahin keine Sprache hatte. Ich sprach und spreche heute noch einen breiten palästinensischen Dialekt und mein Arabisch war damals noch rudimentärer als heute und das »Sich-Selbstverständlich-in-der-Sprache-bewegen« war mir bis dahin unbekannt. Meine Leidenschaft galt nun nur mittelbar der Deutschlehrerin. Die eigentliche Leidenschaft galt der deutschen Sprache. Meine Deutschlehrerin sagte einmal zu mir, meine Aussprache sei so gut, dass sie glaube, ich sei in einem früheren Leben Deutscher gewesen.

Zum ersten Mal war es möglich, Einsamkeit und das peinigende Gefühl der Verlassenheit nicht nur diffus zu fühlen, sondern durch die Begriffe zu unterscheiden und damit das Fühlen besser zu verstehen. Wie ein Gladiator rang ich um jedes Wort. Erst viele Jahre später fand ich in Schönbergs Oper »Moses und Aron« einen »Begriff« für das Ringen: »Oh Wort, du Wort, das mir fehlt«.

Vielleicht hilft ein Beispiel, um dieses Ringen zu verdeutlichen: Allein das Wort »Pfadfinder« – so profan der Sachverhalt sein mag, um den es dabei geht – eröffnete mir neue Welten. Der feine Unterschied zwischen Weg und Pfad war mir früher nicht bekannt und er eröffnet neue Möglichkeiten, sich mitzuteilen. Manche Wege sind eben Pfade, schmale Wege, die uns auf weite Wege bringen.

Oder der Begriff »Weltanschauung«. Das erste Mal, als mir dieses Wort begegnete, begriff ich, dass es verschiedene Weisen gibt, die Welt als Welt anzuschauen und dass dieses Anschauen kein punktuelles Anschauen ist, sondern eben eine bestimmte Weise meint, die die Anschauung von Einzelheiten der Welt prägt.

Die Welt, die neue Welt im Kälteland erschloss sich mir nach und nach, wenn auch anfänglich eher in Umrissen. Meine Sprachaugen mussten erst das Sehen lernen. Die Verwirrung war groß. Bislang war ja Gewalt meine Sprache. Ich kannte keine andere Form, mein Innerstes auszudrücken.

Welt zu entdecken, ist mitunter beängstigend.

Aber die Einwurzelung setzte ein, unaufhaltsam und am Horizont winkte so etwas wie ein Zuhause. Beirut war kein Zuhause gewesen.

Wenn ich heute gefragt werde, wann ich nach Deutschland gekommen bin, antworte ich meist, dass ich sehr jung war, eben weil meine Welt mit 18 Jahren eher stumm und klein war. Vor allem aber hatte ich mit achtzehn noch nicht erfahren, was erfüllte Liebe sein kann. In Beirut ging es immer um Enttäuschungen, unerfüllte Sehnsüchte und unerfüllte Liebe, nicht nur in den Liedern, sondern auch im täglichen Leben. Es fehlte mir nicht nur die eigene Erfahrung erfüllter Liebe. Die Lebenswelt der Familie kannte so etwas wie Erfüllung nicht.

Vielleicht erklärt dies ein Stück weit meine Liebesorientierungslosigkeit. Vielleicht.

Tod im Land der Kälte

Eines Abends versammelten wir uns wieder zahlreich in einem der Zimmer, und unser brasilianischer Kollege war heimwehkrank. Heimweh hatten fast alle. Nur, er litt merklich mehr darunter als alle anderen. Am nächsten Morgen wurden wir von einem heftigen, unbekannten Geräusch geweckt. Ich schaute aus dem Fenster hinunter und sah den Brasilianer am Boden liegen. Er war im vierten Stock aus dem Fenster seines Zimmers gesprungen. Ich bin schnell die Treppen herunter gerannt und war der Erste bei ihm, wollte ihn anfassen und hörte, wie unsere Betreuerin mich anschrie, ich solle zur Seite gehen. Sie war Krankenschwester, untersuchte ihn und sagte leise: der Arme ist tot. Der Leichenwagen kam und holte ihn ab.

Ein Grauen breitete sich unter uns aus. Todesangst stellte sich ein. Ich für meinen Teil dachte, Selbstmord sei ansteckend. Wir verließen zu dritt das Wohnheim und irrten in der Gegend herum. Wir fuhren in die nächste Stadt und verbrachten dort den Tag. Als es dunkelte, beschlossen wir, einen befreundeten Stipendiaten zu besuchen und ihn zu fragen, ob wir bei ihm übernachten dürften. Dies taten wir auch. Am Ende dauerte unser Fernbleiben vom Wohnheim fünf Tage.

Wir kehrten ins Wohnheim zurück und schliefen anfangs zu dritt auf dem Boden. Zu uns gesellten sich dann zwei Iraker und ein Syrer. Der Syrer war zwar älter als wir, aber sein Alter milderte seine Angst nicht. Zum Glück stand unser Umzug in eine neue Stadt bevor.

Ich schrieb in dieser Zeit viele Briefe an meine Eltern. Darin erzählte ich über das neue Land und über Einsamkeit und Verlassenheit.

Frauen

Neben unserer Wohnstätte fand regelmäßig ein Volksfest statt. Ich wanderte durch die Zelte und ein junges Mädchen sprach mich an. Sie trank viel und fragte, ob sie bei mir schlafen könnte. Khalil musste für die Nacht ausquartiert werden. Dafür hatte er neidvolles Verständnis. Sie zog sich aus und ich wusste natürlich nicht, was »man« in solch einer Situation tut! Es dauerte nicht lange bis ihre Frustration über meine verheerende Ahnungslosigkeit ihren Höhepunkt erreichte. Immerhin wurde ein Höhepunkt erreicht. Jedenfalls verließ sie wutentbrannt mein Zimmer und hinterließ einen Versager, der nur noch daran dachte, wie er die Sache gegenüber den Anderen vertuschen könnte. Am nächsten Morgen waren alle neugierig. Die Nacht aber hatte Geschichten voller Sinnlichkeit hervorgehen lassen. Der Stipendiaten–Frauenheld ward geboren.

Einige Tage später war ich wieder auf dem Volksfest und lernte die Kinderkrankenschwesterschülerin Eva kennen. Sie lud mich zu sich ein und es entwickelte sich meine erste Beziehung zu einer Frau. Eva brachte mir – neben Deutsch – Sex bei. Sie hatte einen kleinen Kassettenrekorder und viele Musikkassetten. Wir hörten Lieder, vor allem waren es Lieder von Reinhard May und Erika Pluhar. Ich lernte die Texte auswendig und schrieb sie auf. Sie korrigierte meine Texte.

Eva war herzlich, klein, nicht gerade hübsch und schüchtern. Die Zeit mit ihr bestand eigentlich aus Deutschunterricht und Erzählungen aus ihrem Leben. Ich war natürlich sehr neugierig und fragte viel. Auch kamen Freundinnen von ihr zu Besuch, und ich genoss die Gemeinschaft. Eine ihrer Freundinnen wollte Englisch lernen und ich half ihr. Da ich kein Geld von ihr verlangte, schenkte sie mir einen schönen antiken Schreibtisch. Ich habe ihn heute noch.

Steigerung der Ansprüche

In der Kantine unseres Wohnheims gab es häufig Hähnchen zum Mittagessen. Anfangs war es eine Wonne, ein solches Mittagessen zu bekommen. Irgendwann aber waren die Schlegel in unserer Wahrnehmung etwas zäh. Also protestierten wir. Khalil und ich veranstalteten eine kleine Aufführung: Wir ließen den Heimleiter kommen und bei seinem Betreten der Kantine rissen wir an den beiden Enden des Schlegels, um zu demonstrieren, dass das Fleisch zäh war. Der Heimleiter war amüsiert und versprach Besserung.

Waren wir noch drei Monate zuvor über ein Stück Fleisch unendlich glücklich, so steigerten sich langsam unsere Ansprüche. Das Fleisch musste nun zart sein.

Dazu stelle ich mir heute eine Komik-Zeichnung vor: Zwei abgemagerte Jungs ziehen an einem Stück Fleisch, das sie dann einem fein gekleideten Herrn mit der lakonischen Bemerkung zurückgeben: etwas zäh …

Berufsschule

Die Sprachausbildung dauerte 4 Monate. Anschließend kamen wir in ein anderes Wohnheim in einer anderen Stadt. Dort befand sich die Berufsschule, in der unsere Ausbildung stattfand. Wir wurden zu Werkstattlehrern in Kälte- und Klimatechnik ausgebildet. Der Unterricht erfolgte sowohl in der Theorie und Praxis der Technik als auch in der Pädagogik.

Nebst den Unterrichtsbüchern erhielten wir Taschenrechner. Ich lernte Tag und Nacht, da meine Mathematikdefizite erheblich waren.

Die Stadt war sehr öde, und wir langweilten uns. Also standen wir abwechselnd am Fenster und schrien in die Nacht hinein: Scheiße.

Abends konnte man in der gemeinsamen Küche kochen. Auch einen Fernsehraum gab es. Das Kochen war insofern interessant, als viele Nationalitäten vertreten waren und jeder Spezialitäten seines »Landes« zubereitete. Die Gerüche waren sehr gewöhnungsbedürftig.

Für einen Stipendiaten, er war – glaube ich – Chinese, ging es in der Küche weniger ums Essen, vielmehr waren es Deutschstunden für ihn. Wenn er eine Pfanne wollte, zeigte er einfach auf eine und erwartete, dass man den Namen sagte. Wir sagten dann Pfanne und er wiederholte selig und voller Inbrunst das gerade gelernte Wort: PFANNE. Welch ein Wunder.

Ich beschloss, bei Eva zu wohnen und täglich zu pendeln. Mit 18 Jahren wohnte ich jetzt mit einer Frau zusammen. Ich stand um 5 Uhr morgens auf, Eva machte mir Brote und ich fuhr mit dem Zug zur Berufsschule.

Untreue

Im Rahmen der Ausbildung waren zwei Praktika vorgesehen. Mein erstes fand bei einer amerikanischen Firma statt. In dieser Zeit betrug mein Stipendium 600 DM. Ich wohnte in einer Pension. In meinem Zimmer befand sich eine Küche, in der ich Dosen hortete. Spätestens am 20. des Monats war ich pleite und freute mich auf das Gratis-Frühstück in der Firma. Abends öffnete ich eine Dose, meist Erbsen, wärmte sie auf und … ja, das war das Abendessen.

Eines Morgens sah ich am Fließband die schönste Frau, die mir bis dahin begegnet war. Maria hatte gerade das Abitur bestanden und arbeitete in den Ferien, um etwas Geld für eine Reise zu verdienen. Sie war 19 Jahre alt, groß, schlank, hatte grüne Augen und langes schwarzes Haar. Ich war fasziniert und wie gefesselt von ihr. Schon nach kurzer Zeit übernachtete sie bei mir in der Pension. Ich konnte es nicht fassen, dass solch eine schöne Frau sich auf mich einließ. Monas Wegbleiben hatte die Vorstellung vernichtet, eine schöne Frau könnte sich auf mich einlassen.

Maria lud mich zu ihren Eltern ein. Der Vater war Pfarrer und an dem Tag, als ich zu Besuch war, nicht anwesend. Die Mutter servierte Würstchen im Blätterteig, bei dessen Anblick mir die geschmacklose Assoziation »Hitlers Pimmel« entfuhr. Marias Mutter erwiderte, sie glaube, ihm sei kein Pimmel gewachsen. Von da an war ihre Mutter nicht mehr gewillt, mich zu sehen. Vielleicht hatte ich einen einmaligen Tourette-Anfall, der sich gottlob nicht wiederholte.

Maria fing zu studieren an und ich besuchte sie häufig in ihrer Universitätsstadt. Als sie mich einmal mit in die Mensa nahm, sah ich, wie viele gut aussehende Studenten sie kannte und nahm wahr, wie begehrt sie war. Mich überkam Angst, dass Maria mich verlassen könnte und so beschloss ich, ihr zuvorzukommen. Angst zerstörte die mögliche Liebe, in der ich ohnehin orientierungslos war.

Das Kind und die Philosophie

Ich hatte Ferien und wohnte bei Eva. Sie wurde schwanger und wir fuhren gemeinsam mit ihrem Bruder zur Abtreibung nach

Holland. Wie die Entscheidung darüber gefällt wurde, kann ich heute nicht mehr sagen. Ich weiß nur, dass Eva Angst vor der Reaktion ihrer Eltern hatte und ich vor ihrem Vater.

So merkwürdig es klingen mag: bis dahin hatte ich kein Gefühl dafür. Ich meine für die Abtreibung. Nicht einmal Trauer stellte sich ein. Ich war – gleichsam bewusstlos – wie ein Zuschauer, nahm nicht am Geschehen teil. Eigentlich grauenhaft.

Während Eva ständig Nachtschicht hatte, habe ich in dieser Zeit oft ferngesehen. Es gab eine Sendung über Arthur Schopenhauer mit dem Titel »Die Welt als Wille und Vorstellung«, bei der ich so gut wie kein Wort verstand. Die Sätze aber weckten Gefühle in mir, die mich neugierig machten. Manchmal sind bestimmte Gefühle Vorboten des Verstehens. Oder muss man eher sagen, dass der Verstand, dem das Verstehen – zumindest dem Wort nach – obliegt, langsamer ist als das Gefühl? Wie dem auch sei.

Ich erzählte Eva von der Sendung und zu meinem Geburtstag schenkte sie mir die zwei Bände mit dem gleichnamigen Titel. Immer wieder blätterte ich darin und versuchte, etwas zu verstehen. Ein hoffnungsloses Unterfangen. Philosophie wurde aber dann ein Wort, das ich verwenden konnte, wenn auch vage und ziellos.

Die Entscheidung

Meine Ausbildung neigte sich dem Ende zu und alle Stipendiaten mussten Deutschland verlassen und in die Heimat zurückkehren, um dort das weiterzugeben, was man in Deutschland an Wissen und Können erworben hatte.

Ab dem Jahre 1975 tobte im Libanon der Bürgerkrieg. Um nicht in diese Auseinandersetzung hinein zu geraten, bestand nur die Option für mich, nach Ende meiner Ausbildung in ein anderes Land, gleichsam als Entwicklungshelfer, zu gehen. Diese Option wollte ich nicht und bat um Verlängerung meines Stipendiums, um die schulischen Voraussetzungen für ein Studium zu erwerben. Ich kontaktierte auch das zuständige Ministerium. Aufgrund meiner sehr guten Leistung wurde mir ein einjähriges Stipendium von 700 DM pro Monat gewährt.

Mit Unterstützung des Ministeriums wurde die Berufsausbildung zum Werkstattlehrer als Mittelschulabschluss anerkannt und ich konnte mich für die Fachhochschulreife einschreiben.

Ich wohnte in einer Wohngemeinschaft mit mehreren Schülern, die allesamt Nachzügler und folglich etwa in meinem Alter waren. Mein bester Freund und Mitschüler zu der Zeit war verheiratet. Er hieß Dieter, aber wenn seine Frau, die Dialekt sprach, seinen Namen aussprach, klang es für mich wie Dida. Also sagte ich auch Dida zu ihm. Dida wollte Verfahrenstechnik studieren und erst später verstand ich, dass er eigentlich Dieter heißt.

Lange Zeit musste ich nicht nur mit dem Dialekt, sondern auch mit dem Plural kämpfen. Mein Plural für Baum war für eine Weile Gebäume. Es gab auch andere Sprachschwierigkeiten. Im Restaurant »Wienerwald« bestellte ich einmal nicht ein halbes Hähnchen, sondern ein halbes Mädchen. Das kam natürlich nicht. Wie auch!

In der Schule lasen wir Sophokles »Antigone« und Dida sagte »Antigooone«. Ich dachte anfangs, so müsste man den Namen aussprechen und wurde im Unterricht korrigiert.

Wir lernten und feierten gemeinsam. Einmal fuhren wir zu viert in Didas R4 nach Paris und übernachteten im Auto (zu viert!) direkt vor dem Eifelturm. Für die Fahrt über die Grenze mussten wir – wie immer – Schleichwege nehmen, da ich kein Visum für Frankreich besaß.

Dida, seine Frau, meine Freundin Eva und ich fuhren auch gemeinsam ans Meer in Südfrankreich. Auf einem Campingplatz übernachteten wir in mitgebrachten Zelten und ich wunderte mich immer mehr über das, was man im Land der Kälte Urlaub nennt. Ich musste auch feststellen, dass es sich dabei um ein Phänomen handelt, das die »bessere« Welt mit Deutschen, Franzosen, Engländern und vor allem Holländern umgreift. »Man« fährt in den Urlaub und dieser ist gleichsam der gesteigerte Feierabend, in den man vor Alltag und Arbeit flieht. In dem Ausdruck »Feierabendbier« schwingt die Sehnsucht nach Urlaub mit. Beides, Feierabend und Urlaub, kamen mir wie Machwerke eines gigantischen Systems vor, das zum Ziel hat, die Menschen im Alltag und in der Arbeit am Leben zu erhalten. Dieses Über-System schafft sich sozusagen, damit es funktioniert, die scheinbaren Anti-Systeme »Feierabend« und »Urlaub«. Feierabend und Urlaub werden perfektioniert, damit Alltag und Arbeit erträglicher werden und damit die Menschen im Sinne des Über-Systems funktionieren. Das Über-System umfasst also sich und sein Gegenteil.

Es gab für mich keinen Alltag, vor dem ich hätte fliehen wollen. Und so verstand ich die Menschen nicht, vor allem die Holländer, die überall ihr Geschäft verrichteten und so stolz auf ihr naturhaft-ursprüngliches Verhalten waren. Ich nannte sie von nun an Scheißer. In dieser Zeit konnte ich mit Leichtigkeit Vorurteile aussprechen. Später habe ich gelernt zu verstehen, was es bedeutet, ganze Nationen abzustempeln und vor allem was es für den Einzelnen bedeutet, wenn er durch Abstempelung ausgegrenzt wird.

Die RAF und der Baggerfahrer

Eines Tages las ich auf einer Hauswand die Abkürzung RAF und fragte Eva, was dies zu bedeuten hätte. Sie wusste es nicht ganz genau. Ich fragte weiter, bis ich jemanden fand, der es mir erklärte: Rote Armee Fraktion. In dieser Zeit gab es Anschläge und Entführungen und die Polizei stand an jeder Straßenecke. Merkwürdig kam es mir vor, keine Angst vor den Gewehren zu haben. Im Gegensatz zur libanesischen Polizei war die deutsche Polizei nicht angsteinflößend.

An einem Sonntag nahm Eva mich mit zu ihren Eltern. Der Vater, ein Riese mit rotem Gesicht, war Baggerfahrer, die Mutter hingegen war zart und belesen. Nur nebenbei bemerkt: Im Winter musste die Mutter früher ins Bett, um es für den Vater zu wärmen.

Wir waren um 10:00 Uhr bei den Eltern und da nahmen mich Vater und Schwager mit zum Frühschoppen. Bis dahin trank ich so gut wie keinen Alkohol. Aber nun stand ein 0,5 L Glas Pils vor mir. Mit dem Prosit wurde mein Ende eingeläutet. Ich trank aus und als wir zum Mittagessen zurückfuhren, war mir sehr schwindelig. Die zarte Mutter servierte Rouladen, mir wurde übel und ich musste mich übergeben. Den Nachmittag verschlief ich auf dem Sofa neben dem Esstisch und von da an lachte der Baggerfahrer herzlich und mitleidvoll, wenn wir uns begegneten. Frühschoppen wurde mir immerhin nicht mehr angeboten. Dafür besuchten wir ihn auf seinem Bagger und da machte er uns eine Dose Gulasch auf. Das Gulasch aßen wir mit Nudeln. Bier durfte er im Dienst – Lob sei Gott – nicht trinken. Also bot er mir auch keins an.

Eva hatte einen orangenen Opel Kadett. Sie brachte mir das Fahren bei, und ich durfte ihr Auto fahren – ohne Führerschein. An einem Sonntag kehrten wir von einem Elternbesuch zurück und wurden von Polizisten mit Gewehren im Anschlag und Finger am Abzug gestoppt. Sie wollten aber nicht den Führerschein sehen, sondern sie suchten Hans-Martin Schleyer. In unserem Kofferraum war er nicht und so durften wir weiterfahren.

Die Familie mit dem Straßenkind

In den Sommerferien arbeitete ich. Es fing in einer Gerberei an, in einem Slum-Gebiet von Beirut genannt Karantina, direkt am Meer. Da ich Schüler war, übertrug man mir die Aufgabe, die Fleischreste von den Lammfellen zu entfernen und diese zu beschriften. Bei einer Temperatur von durchschnittlich 32 Grad lag ein süßlicher Verwesungsgeruch in der Luft.

Ich habe auch mal mit armenischen Elektrikern und in einer Holzwerkstatt gearbeitet. Auf einer Baustelle musste ich lange Bewehrungseisenstäbe schleppen.

Das Geld brachte ich am Ende des Zahltags (Samstags) meiner Mutter, die mir dann davon mein Taschengeld gab. Ich fragte sie einmal, warum man Menschen, die Unrecht begehen, nicht besser auf den Bau schickt, anstatt sie ins Gefängnis zu stecken. Eine Antwort darauf gab sie nicht.

Wie habe ich sonst meine Nachmittage, Abende und die Wochenenden verbracht?

Eigentlich war ich Straßenkind mit festem Wohnsitz und stets mit einem kleinen Taschenmesser bewaffnet. Wir klauten, bedrohten andere und spielten mit Murmeln oder wir fingen Mäuse und Katzen. Katzen haben wir geschlachtet und das Blut auf die Handflächen und auf die Fußsohlen gerieben, weil irgendjemand behauptete, man würde dann keine

Schmerzen empfinden, wenn uns die Lehrer mit den Holzlatten maltrātierten. Ansonsten gab es die üblichen Schlägereien und Zuckerrohr aus den umliegenden Feldern, um satt zu werden. Dass ich heute schlechte Zähne habe, ist darauf zurückzuführen und natürlich auch, dass so etwas wie Zahnarztbesuche aus finanziellen Gründen nicht infrage kamen.

Auch beim Zuckerrohressen und Spielen herrschte Gewalt. Sie war eigentlich immer präsent. Beim Streit mit einem Jungen habe ich ein Eisengittertor, das verrostet in der Gegend stand, auf ihn fallen lassen. Ich dachte er sei tot, rannte weg und schlief in einem nahegelegenen Feld, bekam allerdings bald Angst und lief nach Hause. Wie ich dort erfuhr, war der Junge nur leicht verletzt.

Einem 30 Jahre alten Mitarbeiter des Kleiderreinigungsgeschäfts in unserer Straße, der mich aufgrund der Lautstärke, die wir beim Spielen verursachten, anschrie, habe ich versucht, den Bauch aufzuschlitzen, eben weil er mich anschrie. Ich erwischte nur sein Hemd, worauf ich floh und er mich verfolgte. Er kam dann zu uns nach Hause und beschwerte sich bei meinen Eltern. Dafür schimpfte meine Mutter mit mir, mehr aber nicht.

Es war ja auch nicht besonders aufregend! Tagtäglich erlebten wir, wie Menschen entweder mit Fäusten, Messern oder eben mit Pistolen oder Maschinengewehren sich gegenseitig niederstreckten. Unvergesslich bleibt folgende »Szene«: Der Metzger unseres Stadtteils schlitzte einem jüngeren Mann mit seinem langen Messer den Hals auf. Sie stritten wohl um den Preis der Ware. Unter den hängenden Rindern und Lämmern lag der Mann auf dem Boden und verblutete wie sie.

Immer wenn ich als Straßenkind mit festem Wohnsitz nach Hause kam, waren meine Kleider verdreckt und ich musste ins Bad. Meine Mutter wusch mich dann und schlug mir dabei auf den Hintern, weil ich meine Kleider so verschmutzt hatte. Ein triftiger Grund wohl, jedenfalls für sie.

In den kalten Wintermonaten versammelten wir uns um den kleinen Kohlegrill, auf dem – soweit finanziell möglich – kleine Spieße (mit Lamm- oder Kalbfleisch) gegrillt wurden. Ich saß immer auf dem Schoß meines Vaters, der uns Märchen von Reitern und Helden erzählte. Es waren immer im wahrsten Sinne unglaubliche Geschichten. Seine warmen Hände und seine schöne Stimme, beides ist mir in Erinnerung geblieben, weniger die Geschichten. Und dass ich immer auf seinem Schoß sitzen durfte.

Für ihn war ich das sonnige Kind, das ihm Glück brachte. In einem Atemzug erzählte er, dass mein um drei Jahre älterer Bruder ein Pechvogel sei, der ihm stets Unglück brächte. Mein Bruder hasst meinen Vater heute noch, nicht nur dafür.

An heißen Sommermonaten schliefen wir in selbstgemachten Zelten aus Jute auf dem Dach des dreistöckigen Hauses, in dem wir wohnten. Zu essen gab es Brot mit Thymian, Olivenöl, Schafskäse und Wassermelone. Tagein, tagaus. Fleisch war einfach zu teuer. Eier gab es auch sehr selten und wenn meine Mutter bei ihrer wohlhabenden Schwester gegen Geld putzte, nahm sie mich mit und wir aßen immer ein Ei. Dabei sagte meine Mutter, dass ihre Schwester dies nicht bemerken würde. Unter derselben Annahme aßen wir auch von dem stets gefüllten Schokoladenteller auf dem Esstisch.

In der Wohnung meiner Tante, die mir wie ein Schloss vorkam, waren auch keine Kakerlaken. Hingegen waren sie in unserer Wohnung zahlreich und wenn wir schliefen, waren sie überall zu finden, auch auf unseren Matratzen. Manche von ihnen konnten fliegen. Es waren die schwarzen und besonders großen Exemplare.

Sehe ich heute eine Kakerlake, denke ich an das Nichtzuhause in Beirut und will dann eigentlich nur noch weg, nur noch weg …

Ostern

Mein Vater war griechisch-orthodox und meine Mutter Maronitin. Die Maroniten sprachen ursprünglich syrisch-aramäisch und gingen im 7. Jahrhundert aus einer Abspaltung der Syrisch-Orthodoxen Kirche von Antiochien hervor. Ihr Name geht auf den Heiligen Maron zurück. Die Maroniten sind überwiegend im Libanon und in Syrien zu finden sowie unter den Libanesen, die nach Palästina ausgewandert sind.

Weihnachten findet im Libanon sowohl bei den griechisch-Orthodoxen als auch bei den Maroniten am 25. Dezember statt. Heiligabend wird nicht pathetisch wie hierzulande zelebriert. Es steht lediglich ein Kirchenbesuch an. Am 25. Dezember besucht und gratuliert man sich gegenseitig. Es gibt dann für die gratulierenden Besucher »Mlabbas« (das sind mit Zucker umhüllte Mandelkerne).

Obwohl es beim Osterfest ebenfalls Datumsdifferenzen zwischen Maroniten und griechisch-Orthodoxen gibt (nur selten feiern diese Ostern zur selben Zeit wie die Maroniten, da sie nach dem Julianischen Kalender rechnen), fand Ostern in unserer Familie »maronitisch« statt. Mit Glaube und Liturgie hatte es allerdings so gut wie gar nicht zu tun gehabt. Es ging vielmehr um das soziale Ereignis der gegenseitigen Besuche (man besucht sich gegenseitig und gratuliert zum Fest!) und vor allem um das Oster-Gebäck. Ostern war für uns eigentlich Gebäckzeit. Es war ein herrlicher Geruch, der sich vom Gebäck meiner Mutter in unserer Wohnung ausbreitete. Das Gebäck wurde im Schrank in zwei großen Glasbehältern aufbewahrt und streng gehütet. Es bestand aus Mehl, Schmalz sowie Zucker und hatte zwei Formen. Die einen waren rund und mit Datteln, die anderen in einer Halbmondform mit Nüssen und Pistazien gefüllt.

Verschwörung gegen den Vater

Als ich im Jahre 1964 acht Jahre alt wurde, hörte mein Vater mit der Arbeit als Maurer auf. Um zu überleben, mussten meine drei Geschwister, und später nach dem Abitur auch mein Bruder, die Schule verlassen und Arbeit suchen. Meine zwei älteren Schwestern waren auf einmal Verkäuferinnen in Kleiderboutiquen. Als eine meiner Schwestern ihren Chef nach einer Gehaltserhöhung fragte, sagte er ihr, sie als Palästinenserin solle froh sein, überhaupt arbeiten zu dürfen. Die Gehaltserhöhung kam nie.

In dieser Zeit gab sich mein Vater als Arzt aus und die Nachbarn nannten ihn Doktor. Er mixte und stampfte auf unserem Balkon Körner, Öle etc., und es kamen zu ihm Patienten u. a. mit Leistenbruch, Schlafstörungen und Zuckerkrankheiten. Erfolg hatte er bei kranken kleinen Kindern. Heute denke ich, dass der Doktor einfach mit seiner Stimme und der Wärme seiner Hände heilte. Er war relativ groß, schlank, hatte weißes Haar, ein junges Gesicht und obendrein war er sehr charismatisch. Vielleicht war es das, was bei manchen Patienten Heilungserfolge brachte.

Dass die Heilungskunst des Doktors sehr begrenzt war, wurde allerdings schnell bekannt. Er wechselte dann zu einem weiteren Beruf, er wurde Makler (!). In all den Maklerjahren brachte er es ein einziges Mal zu einer Vermittlung. Frustriert über die Kunden, die seine Immobilienangebote nicht würdigten, gab er das Maklersein auf und setzte sich zur Ruhe. Er trug von da an einen Strohhut, schlief viel und war in seiner Ernährung ein Vorreiter der Grünenbewegung, während meine Mutter bestrebt war, uns mit dem Nötigsten zu versorgen. Die erste Mondlandung war für meinen Vater ein Hollywood-Film, Produkt einer US-Verschwörung. Er pflegte zu sagen: »Verflucht sei Amerika«.

Mit mir maß er stets seine Kräfte durch den Händedruck und ich war ihm heillos unterlegen. Was er sonst tat? Er flirtete mit den Nachbarsfrauen und sang bei Festen. Meine Mutter musste immer weinen, wenn er sang. Heute vermute ich, dass es nicht nur Fernweh war, warum sie weinen musste, sondern auch, weil sie sich dabei an Zeiten erinnerte, als sein Singen sie beflügelte, eben bevor der Ehekrieg ausbrach. Ich erinnere mich besonders gern an eins der Lieder, die mein Vater sang:

> Ich denke an den,
> der mich vergisst,
> und vergesse den,
> der an mich denkt.

Meine Mutter, eher klein und rundlich, war natürlich wütend über seine Entscheidung aus Palästina zu flüchten, über die gewollte Arbeitslosigkeit, über sein Flirten und über vieles andere mehr. Uns gegenüber hat sie stets ihre Wut und Verachtung zum Ausdruck gebracht. Die Familie verschwor sich gegen den Vater. Ich – der Jüngste – wurde von der Verschwörung verschont. Ohnehin stand ich auf seiner Seite. Er war eben sogar im engsten vertrauten Umfeld ein Außenseiter.

Meine Mutter legte Wert darauf, dass wir Kinder zu ihr stehen. Sie erzählte uns von den Untaten »ihres Mannes«. Wenn es um Geldangelegenheiten ging oder auch um Entscheidungen, die den Schulalltag von uns Kindern betrafen, sagte sie uns, wir sollten unserem Vater gegenüber kein Wort darüber verlieren. Was die »Haushaltskasse« anbelangte, die zum einen durch die Arbeit meiner Geschwister und zum anderen durch die Putztätigkeit meiner Mutter bei ihrer reichen Schwester zustande kam, war meine Mutter bestrebt, meinem Vater gegenüber zu verschweigen, wie viel Geld darin war. Sie meinte, er würde es sonst sinnlos ausgeben und wir würden nichts davon abbekommen.

Die Ehe mit meinem Vater war für meine Mutter eine Qual. Sie hatte die einzigen vier Jahre ihres Schullebens in einer italienischen Nonnenschule in Haifa verbracht und ich ahnte immer, dass sie es zutiefst bereute, meinen Vater – den Analphabeten – geheiratet zu haben. Sie steckte aber ihre ganze Energie in die Fürsorge ihrer Kinder. Bei meinem Bruder, dem Ältesten, hat die Fürsorge zu einer regelrechten Überwachung geführt. Sogar nachts stand meine Mutter am Fenster und wartete auf ihn, wenn er von seinen nächtlichen »Touren« nach Hause kam.

Auf seinen nächtlichen »Touren« war mein Bruder zum einen politisch aktiv. Er schloss sich der damals verbotenen und eher linksgerichteten »Partei der Syrienregion« an, deren Hauptbestreben die Vereinigung der Länder des »Fruchtbaren Halbmondes« (Libanon, Syrien, Palästina, Jordanien und der Irak) zu einem Großsyrien war. Die Partei existiert heute noch.

Zum anderen war er oft mit verheirateten Frauen unterwegs, die ihre Ehemänner betrogen. Im Libanon hat es schon immer diese »Betrugsszene« gegeben. Ich erinnere mich, wie er eines Nachts mit zerrissenen Kleidern nach Hause kam.

Er musste aus der Wohnung einer verheirateten Frau fliehen und ist vom Balkon in die Hecken gesprungen, weil er sonst vom Ehemann in flagrante delicto erwischt worden wäre, was sicherlich Lebensgefahr für ihn bedeutet hätte.

Meine Familie

In der Familie wurden den einzelnen Kindern feste Bezeichnungen zugeschrieben. Meine älteste Schwester war die Schöne, meine mittlere war die Verträumte und meine jüngere die Hässliche, die zu einem Nonnendasein bestimmt war, während mein Bruder der Pechvogel und ich als Familienclown das Sonnenkind war, das der Familie Glück brachte. Nono wurde ich genannt. Diese Benennung wird gemeinhin dem jüngsten Sohn gegeben.

Meine mittlere Schwester bügelte und hörte dabei – wie immer – Radio und sang mit. Meistens verbrannte sie die Kleidungsstücke, die sie bügeln sollte. Sie war bestens informiert über Sänger, Schauspieler und deren Privatleben. Sie sang immer ein Lied, das zu ihrer ein klein wenig dunklen Hautfarbe passt und von einem Mann handelt, der seiner Mutter von einer Begegnung mit einer Frau berichtet:

Oh Mutter schau mit mir:
Dunkler Haut ist sie und keck.
Sie stahl meinen Hut
Und schwimmt damit im Wasser.
Oh Mutter dunkler Haut ist sie
Und trinkt Alkohol,
Im Mondschein mit ihrem Freund.

Zwischen uns Geschwistern herrschte eine friedliche Stimmung. Wir waren stets Verbündete gegen die Welt draußen.

Heute herrscht zwischen uns eine Ferne. Wenn man sich wieder sieht, trägt die Erinnerung die ersten Minuten und vielleicht auch Stunden. Spätestens am zweiten Tag aber stellt sich das Gefühl der Ferne ein. Wir haben uns leider viel zu wenig zu sagen.

Wie ich Jude wurde und die Sehnsucht nach Palästina

Als meine drei Schwestern Arbeit hatten, verbesserte sich unsere finanzielle Situation und wir bezogen eine Zweizimmerwohnung in dem etwas »besseren« Viertel Daura.

Bei einer der zahlreichen Schlägereien, in die ich verwickelt war, kam es dazu, dass ein palästinensischer Junge von muslimischen Libanesen geschlagen wurde. Dabei habe ich anfangs zugeschaut und später sogar den Jungen Nimr geschlagen. Der Vater des Jungen Nimr (arabisch »Abu Nimr«) war wütend und beschimpfte mich. Das schlimmste Schimpfwort für ihn war »Du Jude«. So wurde ich Jude.

Palästina war und blieb das Synonym für ein besseres Leben. Meine Eltern betonten jedoch immer wieder, dass es nicht die Juden waren, die über uns das Unglück brachten. Schließlich habe man ja all die Jahre friedlich miteinander gelebt, bis eben die Migrationsbewegung einsetzte und die Hagana und Irgun in Palästina wüteten.

Im Übrigen:

Schon im Jahre 1887 entstand als Reaktion auf die Pogrome in Russland eine Organisation Jugendlicher unter dem Namen Hagana. Daraus wurde dann eine zionistische paramilitärische Untergrundorganisation in Palästina während des britischen Mandats von 1920 bis 1948. Irgun war eine andere, von 1931 bis 1948 wirkende Untergrundorganisation, die Anschläge gegen die britische Mandatsmacht und gegen die Palästinenser ausführte.

Mit anderen Worten: Meine Eltern teilten die antijüdische Haltung Abu-Nimrs nicht. Für sie waren nicht die Juden schuld an ihrer Misere, sondern die radikalen Zionisten. Auch später, als die PLO nach Beirut kam, wurde immer zwischen Juden und den zionistischen Eroberern unterschieden. Während Judentum eine Religionsbezeichnung ist, stellt der Zionismus (auf Zion bezogen) eine politisch-ideologische Bewegung dar, die Ende des 19. Jahrhunderts entstand und darauf abzielte, einen jüdischen Staat in Palästina zu errichten.

Meine Eltern erzählten immer wieder die Geschichte, die Irgun- oder Hagana-Truppen hätten in Haifa nachts mit Steinen gefüllte Behälter den Berg herunter rollen lassen, um die palästinensischen Einwohner in Angst und Schrecken zu versetzen und sie auf diese Weise zur Flucht zu zwingen. In einem Atemzug machten meine Eltern »die Araber« für die Misere der Palästinenser verantwortlich. Man habe »uns« im Stich gelassen und die Palästina-Großgrundbesitzer bzw. -Notabeln hätten Palästina verraten. Dahinter steckte der Vorwurf an die palästinensischen Notabeln, sie hätten sich aus purer Geldgier auf den geschickt geplanten Landkauf durch die eingewanderten Juden eingelassen.

In der Tat haben die materiell gut ausgestatteten jüdischen Organisationen entweder durch Gewalt Land eingenommen oder, wenn dies nicht möglich war, hohe Kaufpreise angeboten, um die Ansiedlung der Einwanderer zu ermöglichen.

Für mich als Kind war Israel so etwas wie ein übermächtiges Schreckgespenst, dem die Palästinenser heillos unterlegen waren. Die arabisch-israelischen Kriege ab 1956 zeigten, dass diese Vorstellung nicht ganz verkehrt war.

Es fanden mehrere Kriege statt: 1947–1949 Krieg um Palästina, 1956–1957 Suez-Krieg, 1967 der 6-Tage-Krieg, 1973 Jom-Kippur-Krieg, 1982 Libanonkrieg und 2006 Israel gegen die Hisbollah im Libanon. Die ersten vier Kriege zeigten deutlich die militärische Überlegenheit Israels. Aber auch im Jom-Kippur-Krieg, in dem Ägypten und Syrien anfänglich militärische Erfolge erzielten, zeigte sich diese Überlegenheit. Nur der Krieg gegen die Hisbollah im Libanon (2006) offenbarte Schwächen der israelischen Militärmaschine.

Großvater

Die Eltern meines Vaters lebten bereits vor meiner Geburt nicht mehr. Gekannt habe ich lediglich den Vater meiner Mutter. Er war vor dem ersten arabisch-israelischen Krieg in den Libanon gezogen und arbeitete in Beirut als Tagelöhner in einer Fliesenfabrik. Er ging nur dann zur Arbeit, wenn ihm das Geld ausging. Sein Motto lautete: »Gib aus, was du in der Tasche hast und es kommt zu dir das, was in der Abwesenheit ist.« Im Arabischen meint der Begriff »die Abwesenheit« auch »noch nicht«. Man solle also sein Geld ausgeben und es komme das Geld, das noch nicht da ist.

Gelegentlich besuchte der Großvater uns. Er trank dann Arak und meine Mutter bereitete ihm sein Lieblingsessen – gebratene Bohnen. Spätestens nach dem dritten Arak forderte er mich auf, ein bestimmtes Lied zu singen, wofür er mir Taschengeld gab:

Du, der nach dem ich mich sehne,
Antworte mir:
wie ist dir?
Ich liebe dich wie meine Augen
und das Leben ist ohne dich verloren.

Mein Vater fragte mich, wie viel ich bekommen hätte. Ich nannte ihm den Betrag und er sagte dann zu meinem Großvater frotzelnd: »Ein Haar aus dem Arsch eines Schweins ist ein Segen.«

Mein Großvater war ein fleißiger Kinogänger und einmal nahm er mich mit. Der Kinobesitzer brachte ihm einen Stuhl und die Wasserpfeife. So saß er im Kino und schaute sich – wie so oft – Cowboyfilme an.

Zu dieser Zeit habe ich Fußball gespielt. Da es meinen Eltern nicht möglich war, mir Fußballschuhe zu kaufen, gab man mir Schuhe von meinem Großvater. Sie waren zwar zu groß, dafür aber stabil und ich konnte damit gut grätschen.

Jahre später starb mein Großvater an den Folgen einer misslungenen Leberoperation. Es war wohl der Alkohol.

Meine verträumte mittlere Schwester verliebte sich in einen libanesischen Christen, der bei der Armee Pilot war. Er besuchte uns einmal und meine Eltern unterstützten die Annäherungen. Allerdings waren die Eltern des Piloten strikt gegen die Heirat mit einer armen palästinensischen Familie. Im Vergleich dazu waren die Hürden gegen die Heirat von Romeo und Julia harmlos. Also kam es nicht einmal zur Verlobung.

Vater kannte eine libanesische Familie mit palästinensischem Ursprung. Alle Söhne waren Maurer und einer von ihnen wurde für meine ältere Schwester »vorgesehen«. Meine Mutter drängte auf eine Heirat.

Da meine mittlere Schwester bei der anvisierten Heirat mit dem Piloten leer ausgegangen und im Heiratsalter war, beschloss meine Mutter, sie solle den Bruder, der auch Maurer war, heiraten. Meine mittlere Schwester hatte ihn bis dahin nur einmal gesehen.

Der Mann meiner älteren Schwester war gutaussehend und humorvoll. Geliebt hat sie ihn nicht, aber meine Mutter wollte unbedingt, dass sie ihn heiratet. Er bekam einige Jahre nach der Heirat Schizophrenie-Anfälle und versuchte mehrfach, sich das Leben zu nehmen. Er starb dann relativ früh an einem Herzinfarkt.

Der Mann meiner mittleren Schwester ist krankhaft eifersüchtig und schlägt sie oft. Sie ist unendlich unglücklich, leidet unter Migräne und ist häufig krank.

Meine jüngste Schwester war in einen Mann verliebt, den aber meine Mutter nicht akzeptierte. Seine Umstände ließen keine bessere Zukunft für sie und meine Eltern erahnen.

Die Jüngste heiratete erst sehr viel später einen fast gleichaltrigen Mann mit palästinensischen Wurzeln, der ihr zwei Jahre lang den Hof gemacht hatte. Zwei Gründe gibt sie an, warum sie ihn heiratete. Zum einen lebte er auf Zypern. Durch die Heirat konnte sie mit meinen Eltern nach Zypern fliehen. Zum anderen besaß er die libanesische Staatsbürgerschaft. Dadurch konnte auch sie die libanesische Staatsbürgerschaft erwerben und im Libanon arbeiten. Ansonsten führt sie eher negative Gründe auf, warum sie ihn heiratete: er würde sie nicht schlagen.

Alle drei Schwestern heirateten also nicht aus Liebe, sondern aus mannigfachen Zwängen heraus.

Elternbesuch bei einem Deutschen

Lange Zeit hatte ich keinen Kontakt nach Beirut, und eines Tages rief meine Schwester an, um mir mitzuteilen, dass sie nun auf Zypern seien. Sie waren dorthin geflohen. Ich dachte mir: noch eine Flucht. Jedenfalls beschloss meine Schwester, dass sie mich mit meiner Mutter in Deutschland besucht.

Sie kamen auch und wir verbrachten 10 Tage, in denen sie mir immer wieder sagten, ich sei ein Deutscher geworden. Wir absolvierten das übliche Touristenprogramm. Ich nahm sie aber auch nach Dachau mit und zeigte ihnen das Konzentrationslager. Mir lag zum einen daran, dass sie andere und noch schlimmere Gräueltaten sahen. Vielleicht wollte ich damit ihr Leid relativieren. Meine Mutter war jedenfalls erschüttert und wiederholte immer wieder, wie entsetzlich Menschen sein könnten. Ich glaube, ab diesem Tag zweifelte sie noch mehr am Menschengeschlecht und an der Wahrheit der Schöpfungsgeschichte der Bibel. Ihre Sätze erinnerten geradezu an Sophokles Antigone: »Ungeheuer ist viel, doch nichts ungeheurer als der Mensch«.

Zum anderen sah ich mich als Deutscher, der »seine Gäste« in die Geschichte »seines« Landes einzuführen hat. Die Verbrechen der Nazis schockierten und schockieren mich bis heute zutiefst.

Nach dem Besuch im Konzentrationslager saßen wir in einem Restaurant an einem See und ich bestellte bayerische Spezialitäten für meine Mutter und Schwester. Sie aßen angewidert und meinten, es sei schön, grün und sauber in Deutschland, das Essen jedoch sei einfach barbarisch. Damit, glaube ich, stellte sich für sie ein Paradox ein: wie kann es in einem so fortschrittlichen Land solch einen Fraß geben?

Angstzustände

Die Grausamkeiten des libanesischen Bürgerkriegs wurden immer heftiger, und ich wusste nicht mehr, ob und wo meine Eltern lebten. Aufgrund rigider Aufenthaltsbestimmungen für Palästinenser mussten sie Zypern verlassen und nach Beirut zurückkehren.

Die Prüfung rückte auch immer näher, was das Ende des Stipendiums ankündigte. Die Frage war also, wie ich meinen Deutschlandaufenthalt und ein mögliches Studium finanzieren können würde. Zum anderen stand die Option des Versagens im Raume. Was tun, wenn ich die Prüfung nicht bestehe? Hinzu kam, dass ich meine Beziehung zu Eva beendet hatte. Auch lag die Abtreibung nicht lange zurück. Das war alles in allem eine – wie man heute sagen würde – sehr prekäre Lebenssituation.

In einer denkwürdigen Nacht überkamen mich zum ersten Mal Herzrasen und Atemnot. Verflog die Atemnot, so war das Herz laut zu hören und der Teufelskreis des Hinhörens auf den Herzschlag zog mich in seinen Bann. Schwierig wurde es mit dem Verlassen des Hauses. Die Entdeckung des Alkohols war geradezu unvermeidlich. Der Arak benebelte mir Aug und Ohr. Arak deshalb, da dieses Gesöff immerhin Heimatliches vorgaukelte. Mein Großvater war immer glücklich, wenn er Arak trank.

Allerdings musste ich beim Trinken des Araks an den Spruch meiner Mutter denken, was dann das Trinken erschwerte. Sie sagte einmal, alle Familienmitglieder mit meinem Vornamen seien entweder verrückt oder Alkoholiker geworden und am Alkohol früh gestorben. Es waren also keine optimalen Perspektiven.

Seelenrondo

Meinen Helfer, der gegen Geld intim wird, fragte ich nach dem sich selbst heilenden Spinnennetz. Er will sagen: »Du weißt es nicht und das, was du sagst, ist noch nicht die Wahrheit. Aber es ist in Ordnung so. Ja ja. Das ist normal. Du wirst noch dahinterkommen und ich stehe dir bei. Ich bin der ungetrübte Spiegel deiner Seele. Du musst in dich gehen und wiederfühlen und nachfühlen und neu fühlen, alles, was du warst und bist. Erst aus deinem bis dahin sicher gewordenen Innenhaus heraus kannst du auf andere besser zugehen. Erst du und dann die Welt«.

Bilder von Schildkröten kommen mir in den Sinn und ich habe Angst vor einer weiteren Reise in mich hinein. Denn:

Was wäre, wenn ich dann freiwillig nur noch aus dem Fenster mit ungetrübtem–Spiegel–Gitter auf die Welt zuginge?

Das Bild von alten Menschen kommt mir dann in den Sinn, wie sie am Fenster stehen und zuschauen, wie die Welt an ihnen vorüber eilt.

Ich verbrachte den Tag bei diesem penetrant einfühlsamen, absurden, bezahlten Intimler, der eigentlich ein Schildkrötenbändiger ist.

Die Vietnam–Fahrt nach Beirut

In den Ferien vor den Prüfungen beschloss ich, meine Eltern zu besuchen. Ein Waffenstillstand war im Bürgerkrieg im Libanon angekündigt worden. Es gab keine billigen Direktflüge nach Beirut und so kaufte ich ein Flugticket nach Damaskus. Dass Palästinenser für Syrien ein Visum benötigen, kam mir nicht in den Sinn. Benommen von meinen Angstzuständen wollte ich nur noch nach »Hause«.

Ich kam um 11:00 Uhr am Flughafen in Damaskus an, gab dem Grenzbeamten meinen Pass und dieser warf ihn mir ins Gesicht zurück. Er rief einen bewaffneten Soldaten herbei, der meinen Koffer konfiszierte und mich in eine Zelle mit einem kleinen Fenster hineinschob. Fassungslos stand ich in der Zelle und schaute aus dem Fenster den eilenden Passagieren hinterher.

Es wurde Nacht und ich stand immer noch am Fenster. Was tun? Ein Lufthansapilot kam vorbei und ich rief ihm angsterfüllt zu, er möge mir doch bitte helfen. Wie die Hilfe zustande kam, weiß ich bis heute nicht. Jedenfalls dauerte es nicht lange, da kam ein Soldat, öffnete mir die Tür, gab mir meinen Koffer und begleitete mich unsanft zur Flughafentür. In meinem Pass hatte ich ein Durchreisevisum für Syrien.

Ich fragte am Taxistand, wie ich nach Beirut kommen könnte und man nahm mich zur Grenze mit. Dort standen wenige Taxis. Die mutigen Taxifahrer riefen: »Nach Vietnam nach Vietnam.« Was das zu bedeuten hatte, war mir zunächst nicht ganz klar, wurde es aber kurz darauf.

Es war 23:00 Uhr. Das Taxi bewegte sich mit mir und einem anderen jungen Mann in Richtung Beirut. Er war libanesischer Christ, studierte in den USA und wollte ebenfalls nach Hause. Bei ihm war es allerdings tatsächlich eine Fahrt nach Hause.

Wie bereits erwähnt, Christ und gleichzeitig Palästinenser sein, das ist im Libanon – übrigens auch heute noch – keine gute Kombination. Das Taxi wurde mehrere Male von vermummten bewaffneten Milizionären gestoppt und jedes Mal starb ich. Ich zeigte nicht meinen Pass, sondern meinen Schülerausweis, in der Hoffnung, dass niemand die tödliche Kombination bemerkt. An einem Checkpoint verlangte der dortige vermummte Gott meinen Pass. Er wollte sich nicht mit dem Schülerausweis zufrieden geben. Da half mir der Mitreisende und erklärte ihm, ich sei aus Deutschland und des Arabischen nicht mächtig. Das war für mich lebensrettend, da die Milizionäre sofort an meinem Dialekt erkannt hätten, dass ich Palästinenser bin. Im Bürgerkrieg haben die christlichen Falangisten die Menschen, die sie bei den Straßensperren kontrollierten, aufgefordert, sie sollten »Tomate« sagen, da man an der Aussprache erkennt, ob der Kontrollierte ein Libanese oder ein Palästinenser ist.

Der vermummte Gott ließ sich durch die Intervention meines Mitfahrers erweichen und wir durften weiterfahren.

Die mitgebrachten Angstzustände bekamen unendlich viel Nahrung. Ich war wie erstarrt und sah schon den Sensenmann, der mich damals bei meiner Krankheit abgewiesen hatte. Dieses Mal, das war mein einziger Gedanke, weist er dich nicht ab.

Wir kamen in Beirut in den Morgenstunden an. Ich suchte die Wohnung meiner Eltern nach der Beschreibung, die ich von ihnen hatte. Sie waren in ein sunnitisches Gebiet umgezogen, in dem Palästinenser patrouillierten.

Meine Mutter öffnete die Tür und schrie: »Mein Gott, du hast weißes Haar.«

»Die Nacht war es«, sagte ich. Immerhin bestätigte ich damit, dass die Sehnsucht des »Fremden« in Schuberts Winterreise nicht unbegründet ist:

Vom Abendrot zum Morgenlicht
Ward mancher Kopf zum Greise

Quod erat demonstrandum.

Meine Eltern und die jüngste, bis dahin noch nicht verheiratete Schwester, wohnten im ersten Stock und auf dem Balkon stapelten sich Sandsäcke. Wenn es »knallte«, hielt man sich in dem Dreiquadratmeter-Bad auf. Wir zitterten alle nebeneinander und unsere »Gespräche« kreisten um die Fragen: war das eine 120 mm-Kanone? Oder: wann hören sie endlich mit dem Schießen auf? Am schlimmsten waren die Waffen der israelischen Marine von den Kriegsschiffen vor Beirut. Mein Vater sagte dann: Die Israelis können besser schießen. Diesen Satz schloss er mit der Weisheit »Verflucht sei Amerika« ab und allmählich erweiterte sich sein Schimpfwortrepertoire um »Verflucht sei Israel«.

Es gab wieder eine kurze Waffenruhe und wir gingen hinaus, um einzukaufen. Ich lief mit meiner Schwester in

Richtung Demarkationslinie zwischen Christen und Muslimen, dabei kamen wir an einem bekannten Prachthotel im christlichen Viertel vorbei. Dort saßen gebräunte Menschen am Swimmingpool und tranken Cocktails. Meine Schwester zuckte mit den Achseln und meinte ironisch–zynisch, diese armen Menschen wüssten nicht mit der Situation umzugehen. Man müsste ihnen dringend helfen.

Ich blieb 14 Tage in Beirut und wollte eigentlich länger bleiben. Der Waffenstillstand wurde allerdings immer brüchiger und meine Schwester beschloss, ich solle zurückfliegen. Sie kannte einen Taxifahrer, der auf Flughafenfahrten durch die Demarkationslinien spezialisiert war. Es wurde geschossen, und ich musste mich ducken. Endlich kamen wir am Flughafen an und ich war dann doch froh, »Vietnam« zu verlassen.

So etwas wie ein Studium

Ich habe dann die Prüfung zur Fachhochschulreife mit viel Mühe bestanden und fing in einer Elektronikfirma am Fließband zu arbeiten an. Um mehr zu verdienen, wählte ich überwiegend die Nachtschicht.

Ich habe mich an der Fachhochschule für das Fach Informatik einschreiben lassen. Zu jener Zeit war das allgemeine Interesse an diesem Fach nicht allzu groß, und so wurde ich mit meinem mittleren Notendurchschnitt aufgenommen.

Nachts arbeitete ich an drei Tagen in der Woche am Fließband und tagsüber besuchte ich die Vorlesungen.

Es war ein verschultes Studium für Menschen, die keine Bildung, sondern eine Ausbildung suchten. Die Fachhochschule ist eine schwer definierbare Einrichtung. Man wird hin und her geschaukelt zwischen dem Anspruch auf der einen Seite, zum tertiären Bildungssystem zu gehören, und der Maxime der Praxisorientierung auf der anderen Seite. Die Studenten kommen in einer »natürlichen Auslese« an die Fachhochschule, eben durch die Maxime der Praxisorientierung bzw. durch eine Abneigung gegen theoretisches Denken.

Einer der Kommilitonen stellte jedem von uns immer montags die poetische Frage, ob man am Wochenende gefickt hätte. Und das in einem breiten Dialekt.

Die Professoren spalteten sich in zwei Gruppen. Die einen waren Praktiker, so z. B. unser Physikprofessor, den ich den großen Simplifikator (also nicht Terminator!) nannte. Die anderen waren akademisch motiviert und haderten mit ihrem Schicksal, an einer Fachhochschule zu unterrichten. Darüber sprachen sie mit uns und sie beklagten sich über die Einrichtung.

Nur allzu selten gelang den einen wie auch den anderen der Spagat. Das war eben der Januskopf »Fachhochschule«.

Jedenfalls studierte ich fünf Semester und bemerkte immer mehr, dass dieses Studium keines war.

Der Politikos und das Ordnungsamt

Die »Vietnamreise« gab mir den Anstoß zur politischen Betätigung. Ich schloss mich einer Palästinagruppe an, verfasste Flugblätter und hielt Vorträge zum Palästinakonflikt und zum libanesischen Bürgerkrieg. Ich wurde auch zu Podiumsdiskussionen eingeladen und diskutierte einmal mit Dan Diner über Möglichkeiten für einen Frieden im Nahen Osten.

Als ich mich bei einer Podiumsdiskussion vorstellte, schrie ein älterer Israeli aus dem Publikum, es gebe keine Palästinenser, es gebe nur Araber, wie z. B. Jordanier. Mit heutigen Augen gesehen, war die Intervention höchst bedeutsam. Im Kern hat man sich also den Kontrahenten weggedacht. Palästinenser existierten für ihn eben nicht. Vielleicht hatte der Herr den Grundsatz des deutschen Idealismus subjektiv gedeutet, wonach allein das Geistige das Wirkliche ist.

Politisch aktiv in Sachen Palästina zu sein, hatte ungeahnte Konsequenzen. Ich war auf einmal links und auf der Seite der Frauenrechtlerinnen. Die drei Dinge bildeten sozusagen einen Eintopf.

So war es zwar von mir nicht gewollt, aber, wie gesagt, Eintopf ist Eintopf. Warum »links« fragte ich mich und fand keine Antwort, zumindest keine historisch halbwegs befriedigende Antwort. Die »Genossinnen« romantisierten das Leben palästinensischer Frauen unentwegt. Die Frauen–Frauen (also die Feministinnen) hingegen bemitleideten sie als Opfer einer erbarmungslosen Männergesellschaft.

Interessant war in dieser Zeit, dass ich von der allgemeinen Wut auf die ältere Generation in Deutschland erfasst wurde. Dies ging so weit, dass ich mir einen Nazi–Vater gewünscht habe, gegen den ich hätte revoltieren können. Nur, mein Vater war leider nicht Deutscher, kein Nazi und obendrein ein – wie man heute sagen würde – grün–alternativer Vater.

Ohnehin aber wurde mir auf dem Ordnungsamt der Stadt eindringlich klar gemacht, dass ich in Deutschland alles andere als willkommen war. Der für die Verlängerung der Aufenthaltserlaubnis zuständige Beamte gab mir in jedem Gespräch deutlich zu verstehen, dass er mich am liebsten ausweisen würde. Eigentlich war unser »Verhältnis« von gegenseitiger Verachtung geprägt.

Berlin–Aufenthalte des Anarchisten

In dieser Zeit fuhr ich fast regelmäßig freitags nach dem Unterricht mit dem Zug nach Westberlin. Dort hatte ich eine Freundin, Christina hieß sie. Wir trafen uns in einer Diskothek und gingen danach in ihre Wohnung.

Ich blieb bei ihr bis Samstag und fuhr dann über den Übergang Friedrichstraße nach Ostberlin. Natürlich hatte ich »Schwarzgeld« und konnte in Ostberlin Bücher – so z. B. die Marx–Gesamtausgabe – und Schallplatten kaufen. Dort wartete eine andere Freundin. Auch sie hieß Christine oder Christina und war mit der West–Berlin–Christine/Christina befreundet. Ich blieb bei der Ost–Berlin–Christine/Christina bis zum Ablauf des Visums.

Wir gingen meistens essen. Dafür mussten wir allerdings lange in der Schlange des Restaurants unter dem Fernsehturm am Alexanderplatz stehen und als wir an die Reihe kamen, waren die Hauptgerichte ausgegangen und es gab nur noch Beilagen, vor allem Sauerkraut.

Die Ostberlin–Polizisten waren mir gegenüber sehr freundlich und aufgeschlossen. Palästinenser genossen dort Hochachtung.

Meine Ostberlin–Freundin brachte mich am Sonntagabend zur U–Bahn Friedrichstraße und in Westberlin angekommen nahm ich den Zug zurück nach Hause, wo ich in den Morgenstunden eintraf.

Würde ich die beiden heute sehen, ich könnte sie höchstwahrscheinlich nicht auseinander halten. Der einzige Unterschied zwischen ihnen, der mir in Erinnerung geblieben ist: die Katze. Und es muss die Westberlinerin gewesen sein, die eine Katze hatte. Die Ostberlinerin konnte ja auch keine Katze unterhalten. Erstens hätte die Katze nicht gerne Sauerkraut ge-

gessen und zweitens lassen sich Katzen in der Regel nicht mit einer Marx-Engels-Gesamtausgabe abspeisen.

In dieser Zeit trug ich zur Fachhochschule einen bläulichen Frottee-Schlafanzug. Dies tat ich vermutlich deshalb, weil ich mich als Anarchisten ansah. Darunter verstand ich allerdings lediglich Negatives, eben nichts hinzunehmen, was ich nicht wollte und gegen »das System« sein, koste es was es wolle. Der Schlafanzug war also Provokation und Protest zugleich. Viele meiner Mit-Studenten und Dozenten fühlten sich auch provoziert. So einfach ist es manchmal. Innerlich hatte ich mich von der F(l)achhochschule verabschiedet.

Nicht »wer bin ich?«, sondern »wer werde ich?«

Die politischen Aktivitäten waren für die längst eingesetzte Einwurzelung etwas hinderlich. Denn stets sprach ich von einer Heimat, die ich eigentlich nicht kannte und die mir, wenn überhaupt, lediglich über die Erzählungen meiner Eltern vertraut war. Die Menschen um mich herum gingen aber davon aus, dass ich mich als Palästinenser fühlen würde. Dem war aber nicht so. Jedenfalls nicht so, wie sie es meinten.

Die Frage, wer bin ich, war es allerdings nicht, die mich bewegte. Vielmehr war es die Frage, wer ich sein würde. Ein Zuhause für mich, den Palästinenser, der die Beirut-Jahre des Elends hinter sich lassen wollte, sollte hohe Mauern haben, um mich vor den Krallen der Erinnerungen zu schützen. Damit geht natürlich eine gewisse Verleugnung und Verdunkelung einher, die mit dem Preis eines angstfreien Blicks auf das Früher erkauft wurde. Allerdings kam auch eine ironische Haltung gegenüber mir selbst und der Welt hinzu. Es ist das humorvolle Anständig–Sein, das den Begriff des Ernstes hinter sich lässt und genau dadurch provokant ist. Der Andere fühlt sich zu recht nicht ernst genommen und kann folglich keinen Humor finden. Diese Art von Ironie habe ich mir nicht zugelegt. Fatalerweise geschah sie mir, und Einsamkeit wurde sozusagen mitgeliefert.

Erste Liebe im Land der Kälte

Während meines Studiums fuhr ich mit dem Mofa in die Fachhochschule. Eines Tages hatte ich einen Unfall, und aus einem VW–Käfer stieg eine Frau aus, um mir zu helfen. Sie brachte mich in meine Wohnung und blieb dann auch dort. Von da an wohnten wir 3 Jahre zusammen. Es war meine erste Liebe im Land der Kälte.

Lola war groß, hatte dunkelbraunes Haar und grüne Augen. Mit diesen Augen wollte sie eigentlich nach Kiel, um dort Ernährungswissenschaften zu studieren. Diese Entscheidung hatte sie getroffen, da ihre ältere Schwester Philosophie studierte und darin allzu gut war. Mit ihrer Schwester aber wollte oder konnte sie nicht konkurrieren. Der Berater in mir wurde geboren und ich half ihr, zu ihrer ursprünglichen Einsicht zurückzukehren. Sie nahm daraufhin das Beratungszepter in die Hand und ermutigte mich, ebenfalls Philosophie zu studieren. Die Vorstellung, zu zweit zu studieren, war verheißungsvoll.

Wunderschöne Tage der Liebe verbrachten wir in meiner schäbigen Wohnung direkt über einer Metzgerei an der Eisenbahnlinie. Die mit Fleisch gefüllten Wannen auf der Treppe verbreiteten einen Blutgeruch, den man stets ignorieren musste. Das war nicht immer einfach.

Wir tanzten oft in einer Diskothek, die Uni–Keller hieß. Lola trug beim Tanzen oft eine Latzhose und sie nannte das Lokal Ulli–Keller, eben nach ihrem Ex–Freund, den sie dort traf. Da war ich immer eifersüchtig.

Im Sommer gingen wir nach dem Verlassen der Diskothek machmal zum Strand an einen Baggersee und schwammen nackt. Wir blieben dort bis zur Morgendämmerung und gingen danach auf den Markt. Wir kauften Blumen, mehr nicht.

Ich werde das erste Mal an diesem Strand nie vergessen: tiefe, tiefe Liebe. Ein altes arabisches Lied vermag es heute noch, dieses tiefe Gefühl auszusprechen:

Ich beschwöre dich Nacht: verweile länger,
solange, bis mein Leben neu beginnt.
Es ist Liebe und mein Herz ist voll von Glück.
Hätte ich nur schon vorgestern geliebt.

Eines abends lernte ich im Ulli–Keller einen schwarz gekleideten älteren Anthroposophen kennen, der mir von einem Buch von Roderick Chisholm erzählte, in dem es um Erkenntnistheorie gehe. Er erklärte mir auch die Anthroposophie. Nach dem Gespräch wusste ich eins: Anthroposophie und RAF sind unterschiedliche Dinge. Aber ich kaufte dann das Buch und die Erfahrung mit Schopenhauers »Die Welt als Wille und Vorstellung«, lesen und kein Wort zu verstehen, wiederholte sich.

Wir besuchten die Eltern von Lola. Die Mutter servierte Flug–Ente und meinte, kein Sterblicher bekäme eine solche zu essen. Daraufhin fiel mir das Stück Fleisch samt Soße aus der Hand, eben auf den fein gedeckten Tisch mit weißer Tischdecke.

Die Mutter duldete mich – bestenfalls. Der Vater hingegen bekam nicht einmal mit, wer ich bin. Er war immer überarbeitet und verwechselte häufig die Namen seiner drei Töchter. Es war eine reiche schwäbische Familie mit traditionsreichen Grausamkeiten und Wunden zwischen Eltern und Kindern sowie zwischen den Töchtern.

Immer wenn die Eltern abwesend waren, fuhren wir dorthin und hielten uns überwiegend in dem schönen Garten auf.

Ich merke, sie sagt nichts und ich merke, dass ich nichts sage. Wir sitzen in einem Karussell und wir schauen hin und zuweilen schauen wir weg, um uns zu vergewissern, dass wir dasitzen und alles kein Irrtum ist.

Abitur im Schnellverfahren

Eine Hürde, das Abitur, musste noch genommen werden und Lola versprach, mir zu helfen. Wir zogen um und wohnten unter dem Dach in einer Eineinhalbzimmerwohnung mit der Toilette im Treppenhaus. Die Vermieter wohnten im selben Haus und sie adoptierten ein Kind, dessen Taufpaten Lola und ich wurden. Der Garten zum Innenhof war bezaubernd und wir durften uns dort aufhalten.

Ich hatte ein Jahr Zeit, um mich in dem Kolleg auf das Abitur vorzubereiten. Lola war für Philosophie eingeschrieben und ich besuchte mit ihr ein Seminar zur Logik. Es waren zwar harte Lernmonate, aber die Liebe versüßte sie.

In der mündlichen Geschichtsprüfung des Abiturs wurde mir die Frage gestellt, wie ich die breite Massenunterstützung Hitlers in der Bevölkerung Deutschlands, die ja bis zum Ende des zweiten Weltkrieges anhielt, beurteilen würde. Darauf antwortete ich, wie schwierig es sei, zeit- bzw. geschichtslose Maßstäbe zur Beurteilung des Verhaltens von Menschen zu finden und dass man nicht umhin könne, sowohl auf die Maßstäbe, die die Massen Nazi-Deutschlands hatten, als auch auf heutige Maßstäbe zu rekurrieren, um zu einem halbwegs ausgewogenen Verständnis der Geschichte zu gelangen.

Ich bestand die Prüfung und schrieb mich ebenfalls für Philosophie ein. Das Gefühl, Student der Philosophie an einer Universität zu sein, war überwältigend. Ich, der Schulversager, hatte mit einem Mal den Status eines »echten« Studenten.

Entwicklungshelfer Teil I

Um meinen Aufenthalt in Deutschland zu finanzieren, arbeitete ich als Freizeit-Begleiter und Dolmetscher für die Stiftung, die mir seinerzeit das Stipendium gewährt hatte.

Eine Wende in der Entwicklungspolitik kam mir zugute. Man »entdeckte« soziokulturelle Faktoren als Schlüssel für den Erfolg von Projekten in sogenannten Entwicklungsländern. Obendrein waren Arabisch sprechende Dolmetscher noch sehr rar. Und so kam es, dass das zuständige Ministerium und untergeordnete Entwicklungshilfe-Organisationen mich engagierten. Meine erste Reise ging nach Amman. Ich durfte mit den Gutachtern Business Class fliegen, aß und trank im Flugzeug viel zu viel – denn es war umsonst – und bekam bei der Ankunft in Amman Durchfall.

Unsere Aufgabe war, Beduinen von der Sinnhaftigkeit eines Irrigationsprojektes zu überzeugen und sie dazu zu bewegen, dass man Wasserleitungen in ihrem Stammgebiet verlegt. Die Mission war erfolgreich und ich war Teil des Erfolgs, was dann weitere Aufträge nach sich zog.

Oft begleitete ich arabische Diplomaten, die auf Einladung der Bundesrepublik Deutschland besuchten. Dies schloss eine Dolmetschertätigkeit, Hilfestellung beim Shopping für die Ehefrauen sowie zahlreiche Besuche von Bordellen und Sexlokalen ein. Ich kannte mich – sozusagen berufsbedingt – in Frankfurts Kaiserstraße und auf Hamburgs St. Pauli bestens aus. Beliebt bei den Gästen war der öffentliche Geschlechtsverkehr auf der Bühne und ich musste die entsprechenden Lokale ausfindig machen. Dafür schenkten sie mir Geld und kauften mir Anzüge. In den Sex–Lokalen saß ich meistens unbeteiligt, half bei den Bestellungen von Getränken, erklärte den Gästen auf Anfrage, was sie erklärt haben wollten, und wunderte mich immer wieder darüber, dass sie das öffentliche Ficken so »interessant« fanden. Ich fand es eher langweilig.

Eine Begebenheit aus dieser Zeit ist besonders erwähnenswert. Das Ministerium hatte ein Besuchsprogramm für jemenitische Diplomaten ausgearbeitet, das einem Schlachtplan stark ähnelte: 07:00 Uhr Frühstück, 07:30 Uhr Abmarsch in die Innenstadt, 08:15 Uhr Treffen vor dem Rathaus etc. Das Abendprogramm war jedoch offen, und da fragte der Ministerialdirigent die Gäste, ob sie am Abend die Oper oder eine Zirkusvorstellung besuchen wollten. Beide Vorstellungen fingen um 20:00 Uhr an. Ich übersetzte die Frage und die Antwort der Gäste lautete: Wir möchten beide Vorstellungen besuchen. Ich übersetzte die Antwort, worauf der stocksteife Ministeriumsbeamte meinte, es sei ein Missverständnis, denn beide Vorstellungen liefen parallel. Ich übersetzte seine Erläuterungen, aber die Gäste beharrten darauf, beide Vorstellungen zu besuchen, womit sie, so dachte vermutlich der Beamte, den Satz des Widerspruchs verletzten. Das war allerdings nicht einmal die halbe Wahrheit. Denn die Gäste waren über das Besuchsprogramm empört und sie wollten ihn lediglich ärgern bzw. darauf aufmerksam machen, dass sie Schlachtpläne nicht mögen. Die eigentlichen Motivationsquellen für den Deutschlandbesuch bei ihnen waren Urlaub, Shopping und Bordellbesuch. Dafür – so glaube ich – hatte das Ministerium wenig Verständnis.

Philosophie und das »echte« Studium

Lola und ich besuchten gemeinsam Seminare und Vorlesungen in Philosophie. Als Magisterstudent musste ich zwei Nebenfächer belegen und so wählte ich Geschichte und Biologie. Diese Kombination war damals nicht erlaubt und ich musste eine Sondergenehmigung beantragen, die ich dann auch bekam. Vermutlich habe ich diese Fächerkombination gewählt, weil ich von der Idee des Universalgelehrten fasziniert war.

Es dauerte nicht lange, bis ich feststellen musste, dass ich erhebliche Wissensdefizite hatte. Profunde Kenntnisse der Bibel sowie zahlreicher Werke der Literatur und der Philosophie wurden schlicht vorausgesetzt. Es war auch nicht gerade klug, als erstes Seminar dasjenige zu wählen, in dem es um Kierkegaards »Krankheit zum Tode« ging. Um Kierkegaard zu verstehen, kommt man um das Alte und das Neue Testament sowie um Hegel nicht herum. Ein Semester lang versuchten wir die ersten Sätze des Buches zu verstehen: »Der Mensch ist Geist. Aber was ist Geist? Geist ist das Selbst. Aber was ist das Selbst? Das Selbst ist das Verhältnis, das sich zu sich selbst verhält.«

Auch das zweite Seminar war von der Thematik her für Anfänger nicht gerade geeignet. Es handelte von Heideggers »Sein und Zeit«.

Wir bildeten eine Arbeitsgruppe und unser Dozent (er war Privatdozent) kam häufig dazu. Nach den Seminaren gingen wir auch gemeinsam – Studenten und Dozent – in eine Kneipe und die Diskussionen wurden fortgesetzt. Die Studenten anderer Fächer haben wir damals belächelt. Der Grund war nicht nur die Arroganz der Philosophiestudenten, sondern auch die Tatsache, dass unser Studium eine Lebensform war. Wenn ich mir heute das Studium an Hochschulen anschaue, bedauere ich die Studenten. Das Studium als Lebensform ist so nicht mehr existent. Mit Lebensform meine ich, dass das Studium für uns Inhalt des Lebens in einer Gemeinschaft war. Es ging um Fragen, die uns tief bewegten und um die Gemeinschaft derer, die sich den Fragen schonungslos stellten.

Da wir an der damaligen Hochburg des deutschen Idealismus studierten, war es unvermeidlich, Kant und Hegel intensiv zu studieren. Nach meiner Zwischenprüfungsarbeit über Heideggers Aufsatz »Die Frage nach der Technik« besuchten wir Hauptseminare zu Kants »Kritik der reinen Vernunft« sowie zu Hegels »Phänomenologie des Geistes«. Spätestens dann aber war es vollends klar, dass ich nicht zu den besten Studenten gehörte, auch nicht mit der Hilfe meiner Freundin. Zum einen war es die Sprache, an der ich mich abarbeiten musste. Zum anderen waren es eben die genannten Vorkenntnisse, an denen es bei mir mangelte. Ich versuchte zwar, diese so gut es geht zu kompensieren. Es gelang aber bei weitem nicht gut genug. Obendrein musste ich arbeiten und dadurch blieb nicht viel Zeit für das Studium.

Schön war es an den Wochenenden in dem Haus mit den Nachbarskindern. Es waren vier kleine Mädchen, die uns regelmäßig besuchten, und ich füllte für sie die Badewanne in unserer kleinen Küche. Direkt gegenüber der Badewanne war unser Herd. Die vier Kinder saßen in der Badewanne, und ich ließ den Topfdeckel mit Popcorn offen. Das Popcorn flog dann in die Badewanne und sie jubelten und sprangen immer auf, um die Körner aufzufangen.

Das Saxophon, die Freundschaft und die Entdeckung der Musik

Lola jobbte ab und zu bei einem lokalen Kammerorchestra. Sie half bei der Organisation der Touren. Eines Tages besuchte uns der schrullige alte Herr, der das Orchestra leitete. Er hatte ein Saxophon bei sich, trank viel Alkohol und konnte es nicht mehr mitnehmen. Er ließ es bei uns und sagte, er würde es in den nächsten Tagen abholen. Er kam Monate lang nicht.

Eines Morgens packte ich das Saxophon aus und fing an zu blasen. Immer wieder erzeugte ich fürchterliche Töne und die Nachbarschaft musste leiden. Als ich es einmal auf einem wackeligen Regal hatte, fiel das Saxophon mit der Vorderseite auf den Boden und bekam Risse. Ich brachte es zur Reparatur und musste dafür 500 DM bezahlen.

Wir riefen den alten Herrn an und erzählten ihm von dem Missgeschick. Er sagte dann lapidar, das Saxophon sei ein DDR-Instrument, es hätte 300 DM gekostet und ich dürfte es behalten. Ohne die leiseste Ahnung von Musik besaß ich auf einmal ein Instrument und musste zunächst so etwas wie eine musikalische Früherziehung nachholen. Lola, die Querflöte spielte, half mir dabei.

Während dieser Zeit waren wir oft in einer Kneipe gegenüber dem Theater, in der viele Schauspieler und Musiker verkehrten. Dort sah ich regelmäßig zwei Männer und eine Frau schweigend zusammensitzen. Ich sprach sie mit der Frage »Seid ihr auch Studenten?« an. Ich war ja schließlich stolz auf meinen Studentenstatus. Wir lernten uns näher kennen, insbesondere einen von ihnen. Das war Joseph. Joseph hatte Komposition studiert und arbeitete als Musiklehrer für Geige und Klavier. Es entwickelte sich eine innige Freundschaft. Joseph schlief erst gegen Morgen und wachte nachmittags auf. Er trank viel Alkohol und aß zum Frühstück Pizzareste, die er am Abend davor aus der Kneipe mitnahm.

Wir trafen uns immer mit den dreien in der besagten Kneipe. Sie waren alle wenig gesprächig. Wenn einer kam, begrüßte er die anderen und fragte wie es geht, darauf antworteten die anderen mit einem Schulterzucken, gefolgt von einem langen murmelnden »Jaaaa«. Dann kam vielleicht das Wort »gut«. An den Abenden, an denen Lola und ich schweigsam waren, sprach eigentlich niemand ein Wort. Man saß da, schaute in der Gegend herum und trank.

Der Kneipenbesitzer war Sizilianer und zu jenem Zeitpunkt bereits 30 Jahre in Deutschland. Sein Deutsch war miserabel. Seinen Kellner nannte er »Kleiner Depp«, was er in einem breiten italienischen Akzent aussprach.

Erst durch Joseph lernte ich Musik kennen. Er spielte mir Symphonien vor und erklärte sie mir. Zum ersten Mal in meinem Leben hörte ich Namen wie Brahms und Bruckner. Ich kaufte von nun an Schallplatten und war fasziniert von dieser neuen Welt. Interessant war, dass ich nicht nur die Welt der Harmonien und Noten entdeckte, sondern auch eine mögliche Art und Weise, wie Musiker leben.

Das war – neben der Sprache – die zweite Welt. Dass die Musik etwas sagt, dafür waren meine Ohren noch taub. Ich fing aber an zu hören.

Als ich Joseph einmal erzählte, dass ich in Beirut geboren bin, verstand er Bayreuth. Daraufhin korrigierte ich ihn, er aber dachte, ich würde ihn auf den Arm nehmen. Erst später und bei Aufregung merkte er, dass Deutsch nicht meine Muttersprache ist. Bekanntlich sind es die Momente der Aufregung, in denen man merkt, wie gut jemand eine Fremdsprache beherrscht. Vielleicht liegt es daran, dass tiefe Schichten zur Sprache kommen wollen, wenn die Emotionen hochkochen und dass dies am besten in der Sprache gelingt, die man als Kind gehört und gesprochen hatte.

Joseph brachte mir den Unterschied zwischen E– und U–Musik bei. Ob diese Unterscheidung wirklich Sinn macht …? Manchmal denke ich jedenfalls, hätte ich Joseph nicht kennengelernt, ich hätte zumindest für eine Weile weiterhin nur noch die Lieder von Reinhard May und Erika Pluhar gehört. Eine grauenhafte Vorstellung.

Durch die Freundschaft mit Joseph lernte ich auch das Theater kennen. Die Vorstellung, an die ich mich sehr gut erinnere, war Ibsens »Volksfeind«. Ich lernte nämlich nach der Vorstellung in der Kantine den Reporter–Darsteller Friedwart kennen. Er war adlig und ungemein witzig. Das Theater und die Kantine befanden sich zwar in unserer Stadt. Gleichwohl, es waren »Räume« jenseits einer Raumfixierung. Sie bildeten so etwas wie einen dritten Raum, eben zwischen Realität und Virtualität. Fasziniert war ich von der Bühne als Ort des Ausprobierens, wer man sonst alles noch sein könnte. Vermutlich teile ich die Liebe zum Als–ob mit Schauspielern. Der Grund für diese Liebe ist vielleicht, dass Möglichkeit doch mehr ist als Wirklichkeit.

Im Umgang mit den Schauspielern faszinierte mich vor allem die Enttabuisierung. Man sprach und lachte über Themen, über die man sonst nicht spricht, zumindest nicht in der Art und Weise, wie dies an einem Theater geschieht. Nur nebenbei bemerkt: Dass es auch an Theatern Tabus gibt, braucht man wirklich nicht zu betonen.

Von da an ging ich regelmäßig ins Theater und eine Leidenschaft entwickelte sich, die mich heute noch begleitet.

Friedwart mochte meinen Freund Joseph nicht. Er nannte ihn »versoffene Socke«.

Meine ersten Saxophon-Unterrichtsstunden waren für mich eine Qual. Auch hierbei musste ich erhebliche Defizite feststellen und meine damalige Lehrerin war begeistert, einen solchen »Fall« vor sich zu haben: Einen 25-jährigen, der Saxophon-Unterricht nahm und im Grunde noch nie in seinem Leben etwas mit Musik zu tun hatte. Ich war sozusagen ein Entdeckungsfeld für Musikpädagogen.

Man steckt ja nicht drin …

Zeitweilig arbeitete ich auch in einem Klima- und Kältegeschäft in unserer Stadt. Anfangs lernte ich bei dem dortigen Meister, wie man mit Kunden umzugehen hat. Wenn ein Gerät nach der Reparatur kaputtgegangen war, sollte ich sagen: »Man steckt ja nicht drin«. Vielleicht, dachte ich, ist das »man steckt ja nicht drin« ein okzidentales Pendant zum orientalischen Kismet. Beide Ausdrücke zielen darauf ab, die Unvorhersehbarkeit als gegeben hinzunehmen.

Nach 14 Tagen durfte ich in den »Außendienst«. Die Kunden riefen an und ich kam zu ihnen nach Hause, um den Kühlschrank oder die Heizung zu reparieren. Den Schlüsselsatz meines Meisters, man steckt ja nicht drin, habe ich oft gebrauchen müssen.

Glückte die Reparatur, so bekam ich bei einigen Kunden das Gefühl, ich würde ihnen ihr Leben zurückgeben. Interessant war, dass die Kunden nach erfolgreicher Reparatur mir nicht den üblichen Schnaps anboten, sondern Bananen. Man kann natürlich diese Geste interpretatorisch überstrapazieren! Ich denke aber, die Kunden dachten »er ist nicht von hier« und waren einfach vorsichtig. Daher die Banane. Wäre das alles nach der »Wende« geschehen, ich hätte gedacht, die Kunden hätten mich für einen Ostdeutschen gehalten.

Jedenfalls ging es eine Weile gut, bis die Großfachmärkte vermehrt aufkamen, die billige Produkte verkauften und die Reparatur übernahmen. Mein Meister musste sein kleines Geschäft schließen und ich verlor eine Einnahmequelle.

Telefonate »ins Ausland«

Ich telefonierte häufig mit meinen Eltern, soweit es die dortige Situation zuließ. Eines Tages erzählten sie mir, dass die israelischen Truppen Beirut belagerten. Da schrie mein Vater aus dem Hintergrund: »Es reicht ihnen nicht, uns zu vertreiben, sie wollen uns vernichten. Jetzt verfolgen sie uns und bombardieren uns an unserem Fluchtort«. Und es folgte unabwendbar der Satz »Verflucht seien Amerika und Israel«. Meine Mutter entgegnete, immerhin seien die israelischen Soldaten höflicher als die libanesischen Milizionäre.

Die Anrufe dienten eigentlich dazu, mich zu vergewissern, ob die Familie noch am Leben ist und ob man Geld benötigte. Und es waren natürlich die üblichen Fragen: »Wird denn heftig geschossen? Wer schießt zurzeit heftiger? Gibt es Anzeichen für ein Ende des Krieges?«. Eigentlich waren die Telefonate für alle Beteiligten eher zermürbend.

Krise der Fragen

Kaum war ich dabei, mir die neuen Welten zu erschließen, da wurden die Fundamente durch die Fragen der Philosophie erschüttert. Dass wir in den Seminaren über Angst diskutierten, hatte für mich verheerende Folgen.

Die Fragen nach dem Selbstbewusstsein und dem »Ich denke«, das ja nach Kant alle meine Vorstellungen begleiten können muss, bildeten eine zweite Welt-Ebene. Während ich also dabei war, mir neue Welten zu bauen, wurden sie von Grund auf infrage gestellt. Ich baute an meiner Welt weiter und baute sie gleichzeitig um. Über alldem schwebte die unendliche Aufgabe, damit leben zu können, dass »die Fragen« nicht ein für allemal beantwortet werden können.

Der Boden bebte und ich hatte das Gefühl, dass mein Körper bleihaltig wurde, was dann die Bewegung erschwerte. Auf dem Weg von der Uni nach Hause überkam mich die Schwere. Schwermut war es, glaube ich.

Es war aber die Gemeinschaft mit den als gleichgesinnt wahrgenommenen Anderen, was immer wieder Kraft spendete. Eine Binsenwahrheit, die jedoch, vom Erleben her gesehen, heilsam war. Schwermütig zu sein als Gruppengemeinsamkeit ist für den Einzelnen leichter zu ertragen. Die Zusammengehörigkeit definierte sich geradezu dadurch, dass alle die Fragen, um die es ging, liebten und darunter litten.

Der Kampf um Formulierungen, die die Dinge, um die es geht, auf den Begriff zu bringen versuchen, lohnt sich insofern, als man dann, wenn man die Begriffe – auch nur für eine Weile – gefunden hat, eine Erleichterung erfährt. Es stellt sich eine Helle ein, wie auf einer plötzlich entdeckten Lichtung.

Ich sehe mich auf einem Seil und unter mir spannt sich ein Netz, in dessen Mitte eine Spinne wacht. Aus einfältiger Liebe zum Leben versuche ich, das Gleichgewicht zu finden. Unerwartet krümmen sich die Worte, die mich einst so mühelos erreichten. Nun kommen sie an, um sich rasch zu verabschieden. Ich ringe um jedes Wort und verliere im Kampf das Gleichgewicht. Also falle ich. Ich falle tief. Das Netz fängt mich nicht auf und ich falle tiefer. Die Wache ist vielleicht tot. Jedenfalls wacht sie nicht mehr. Höre ich Ich, so weiß ich fortan nicht, wer gemeint ist.

Mein Bruder

Nach einigen Jahren in Saudi Arabien musste mein Bruder nach Beirut zurück. Er wohnte zusammen mit meiner Mutter, meinem Vater und meiner jüngsten Schwester. Langsam wurde es gefährlich für ihn, da die Milizionäre ihn einziehen wollten. Wir besprachen uns telefonisch und es wurde klar, dass es nur eine Option gibt, wie er dem Schicksal eines Milizionärs entgehen kann. Er musste zu mir nach Deutschland kommen.

Ich besorgte die erforderlichen Formalitäten und er konnte nach Deutschland einreisen. Lola und ich wohnten einige Monate mit ihm in unserer kleinen Wohnung, bis er seinen Deutschkurs beendete und eine englische Tänzerin kennenlernte. Er ist dann bei ihr eingezogen, ging später mit ihr nach England und sie heirateten. Es dauerte nicht lange, da bekam er die englische Staatsbürgerschaft.

Heute lebt mein Bruder in Flugzeugen und Hotelzimmern und er gibt als Wohnort die USA an. Dort hat er zwar ein Haus. Nur: eigentlich zuhause ist er – glaube ich – an der Bar in irgendeinem internationalen 5-Sterne-Hotel. Dort gelingt ihm die Flucht vor sich selbst am besten, vermutlich weil er dort andere Flüchtige findet. Genau weiß ich es nicht.

Schmerzliche Trennung

Lola musste arbeiten, da sie von ihren Eltern nicht genügend finanziell unterstützt wurde. Ich musste weiterhin die Bordell besuchenden Diplomaten begleiten und meinen Eltern ab und an Geld schicken. Der Bürgerkrieg im Libanon tobte weiter und die Kämpfe wurden immer heftiger. Das Arbeitsleben dort war ausgesetzt. Das alles ließ in mir eine Schwermut aufkommen, die für Lola sicherlich nicht so leicht zu ertragen war.

Wir zwei lebten nur noch nebeneinander her. Eines Tages fuhr sie im Rahmen ihrer Arbeit nach Frankreich. Als sie zurück kam eröffnete sie mir, dass sie eine Liebesaffäre hatte. Vor einem solchen Augenblick hatte ich mich immer gefürchtet. Und er kam. Ehre, Würde und ähnliche Eros-Werte wurden dadurch verletzt und Selbstzerfleischung des Opfers mit unermesslichem Selbstmitleid stellte sich ein. Erbärmlich.

Ich trennte mich von Lola. Mit der Liebesaffäre zu leben, dafür fand ich keinen Weg. Vielleicht waren bei mir auch Stolz und Ehre im Spiel, die Lola durch ihre Affäre verletzt hatte. Jedenfalls verfiel ich in Trauer und Hass. Goethes Harzreise im Winter beschreibt diesen Zustand:

»Ach, wer heilet die Schmerzen
Des, dem Balsam zu Gift ward?
Der sich Menschenhaß
Aus der Fülle der Liebe trank!

Erst verachtet, nun ein Verächter,
Zehrt er heimlich auf
Seinen eignen Wert
In ung'nügender Selbstsucht.«

Heute denke ich, hätte ich damals einen Ausweg gefunden, Lola und ich wären heute noch zusammen. Wenn mich Menschen nach der großen Liebe meines Lebens fragen, nenne ich Lola.

Manchmal – vielleicht auch oft – wenden sich Herzen aus Verzweiflung und Schwäche. Nie in meinem Leben wäre ein Erwachsener an meiner Seite wichtiger gewesen als in jener Zeit. Er fehlte und die Liebesorientierungslosigkeit wütete.

So ertrinkt der Fluss in sich, in sich.

Tod des Freundes

Khalil und ich haben uns nach der Ausbildung zum Werkstattlehrer leider aus den Augen verloren. Eines Tages erhielt ich die Nachricht von seiner Frau (er war inzwischen verheiratet und hatte eine Tochter), dass er gestorben sei.

Seine Frau erzählte, Khalil sei in Kairo im Hilton-Hotel gestorben. Ein Einbrecher sei nachts in sein Zimmer eingedrungen und der Schreck habe sein Herz zum Stillstand gebracht. Wie ich dann erfuhr, litt Khalil an Herzinsuffizienz und hätte regelmäßig Tabletten einnehmen müssen. Er hatte aber seine Medikamente abgesetzt. Und so kam es zum Herzstillstand. Irgendwie passte die Geschichte seines Todes zu ihm.

Ich verlor den Freund, der mich nach Deutschland begleitete und mit dem ich die ersten Jahre eng verbracht habe. Gemeinsam haben wir schlimme und schöne Zeiten erlebt und uns gegenseitig Kraft gegeben.

Ich war unendlich traurig über seinen Tod und mich packte wieder einmal die Todesangst. Diese habe ich wohl von meinem Vater geerbt.

Als die Nachricht von seinem Tode mich erreichte, übernachtete ich bei Lola. Ich konnte einfach nicht alleine sein. Sie war zwar – wie immer – liebenswürdig. Aber die Liebe war einfach dahin: »Wie eine Hand sich wendet, so wenden Herzen sich.«

Wilde Zeit

Das Stehaufmännchen hat es darauf angelegt, von möglichst vielen Frauen begehrt zu sein. Und es gelang. Um es im Geiste Houellebecqs zu sagen: es ging darum, das knappe Frauenschönheitsgut abzugrasen.

Es gibt bei Revolutionen Gewinner und Verlierer. Ich habe von den letzten Phasen der sexuellen Revolution in Europa profitiert. Eine Lebens- oder Lebensabschnittsgefährtin hatte ich nicht, sondern so etwas wie Monatsfreundinnen. Wenn es überhaupt einen Monat lang dauerte.

In dieser Zeit besuchte ich die Uni-Veranstaltungen nur sporadisch. Das Abendprogramm bestand aus Kneipenbesuchen, in der Hoffnung auf eine Verabredung mit einer Frau. Ich bevorzugte eine Einladung zu mir nach Hause und dafür kaufte ich den damals preiswerten Wein Gimmeldinger Meerspinne. Ihm gab ich das Kürzel KW (Kopfweh-Wein). Ein optimaler Abendverlauf kulminierte im Beischlaf, eben gemäß Offenbachs Barcarole:

»Schöne Nacht, du Liebesnacht,
Oh stille mein Verlangen.«

Den nächsten Dreivierteltag verschlief man und abends ging es mit den Kneipenbesuchen weiter.

Vermutlich um meine verloren geglaubte Männlichkeit wieder zu erlangen, hatte ich zwei bis drei »Freundinnen« gleichzeitig. Aber es war auch – wieder einmal – die Angst. Lola und ich lebten in einer Gemeinschaft, die nun zerstört war. Ich suchte händeringend nach einer neuen Liebe.

Der Student wird zum Dozent

Die Arbeit im Rahmen der Entwicklungshilfe war zeitraubend. Ich benötigte aber immer mehr Zeit für das Studium. Also suchte ich nach einer anderen Betätigung. Ich war noch im fünften Semester, als ich mich um eine Teilzeitstelle bewarb und sie auch bekam. Ich war dann Philosophiedozent an einer Volkshochschule und leitete einen Philosophiekreis mit ca. 15 Personen. Mit wenigen Ausnahmen blieben alle Personen fast drei Jahre lang. Zum Arbeitskreis gehörten Menschen aus unterschiedlichen Altersgruppen, Berufen und sozialen Schichten.

Die Dozententätigkeit war nicht nur deswegen eine schöne Herausforderung, weil ich immer die Inhalte unterrichtete, die ich mir selbst davor in den Seminaren angeeignet hatte. Vielmehr war es die schwierige Aufgabe, das Interesse der teilnehmenden Personen an der Philosophie am Leben zu halten und ihre Begeisterung zu steigern, obwohl die Philosophie ihnen keine Antworten auf ihre lebenspraktischen Fragen gibt. Die schöne Gemeinschaft hatte also im Wesentlichen die Hauptaufgabe, die Helle zu erfahren, die die Begriffsarbeit mit sich bringt, so sie denn gelingt.

Joseph bezog ich auch ein und wir veranstalteten eine Vortragsreihe zu Nietzsche und Wagner. Joseph führte Musikbeispiele vor und ich war – wie immer – mit den Begriffen beschäftigt.

Eine der teilnehmenden Personen meines Philosophiearbeitskreises war zu jener Zeit 50 Jahre alt. Sie nahm nach zwei Jahren ein Seniorenstudium der Philosophie an einer Universität auf.

Ehe aus Heimatlosigkeit

Ab dem fünften Semester organisierte ich mich mit einigen anderen Studenten und wir bildeten eine Institutsgruppe, da wir mit dem Fakultätsangebot an Veranstaltungen nicht zufrieden waren. Zwei Ordinarien waren am Institut. Der eine war darin unvergleichlich, langweilige Vorlesungen zu halten und der andere sagte in Seminaren nach jedem studentischen Beitrag »Sie haben Recht«, ließ uns unsere Referate halten, sagte aber selbst so gut wie nichts dazu. Mit anderen Worten: wir lernten wenig, wären da nicht die Privatdozenten und die sonstigen Lehrkräfte gewesen.

Wir luden dann eigenständig emeritierte und externe Dozenten zu Veranstaltungsreihen ein. Es kamen z. B. Hans-Georg Gadamer, Ursula Wolff, Ute Guzzoni und Friedrich Kambartel. In dieser Zeit – es waren ja die 80-er, und nicht mehr die 60-er und 70-er Jahre – war es erstaunlich, wie groß die Resonanz und wie kooperativ und selbstlos diese Personen waren. Nicht einmal die Reisekosten konnten wir ihnen erstatten. Wir alle haben von diesen Veranstaltungen profitiert. Von Gadamer erfuhren wir viel über seine Begegnungen mit Heidegger und dass er für dessen Frau Elfriede den schönen Namen »Elfrigide« hatte.

Es bildeten sich zwei Fraktionen in der Institutsgruppe. Die einen waren eher politisch »links« motiviert. Dort sah man sich als Nachfahre der Studentenbewegung. Dazu gehörte ich nicht. In meinen Augen war die Institutsgruppe ein anarchistisches Gebilde, das viele Feste zu organisieren und immer wieder mit neuen Aktionen das Bestehende infrage zu stellen hatte. Zu jener Fraktion gehörten Studenten aus besserem Hause. Eine von ihnen war Pia. Sie war schön, irgendwie verloren, vielseitig begabt und stets auffällig gekleidet. Ein Kampf um Ideologien und Anerkennung entfachte sich zwischen uns. Es war, um es mit Kierkegaard zu sagen, sympathetische Antipathie und antipathetische Sympathie. Von Liebe zu sprechen, wäre unangebracht. Für mich ging es um die Eroberung, wobei in diesem Eroberungspaket ein immenser sozialer Aufstieg gleichsam mit inbegriffen war.

Ich besuchte Pia in ihrer großzügigen Wohnung, die die Eltern finanzierten. Der Vater war ein angesehener wohlhabender Rechtsanwalt. Sie kam immer öfter zu mir und wurde eines Tages schwanger. Sie beschloss, das Kind auszutragen und sagte in einem Atemzug, es sei notwendig, den Eltern mitzuteilen, erstens dass sie schwanger ist und zweitens dass wir heiraten würden. Wir gingen zu den Eltern, eröffneten ihnen die Neuigkeit und die Familie war zunächst schockiert. Man beruhigte sich jedoch, als Pia sagte, dass wir heiraten wollten. Die Familie war freundlich und nahm mich als neues Mitglied wie selbstverständlich auf. Es gab Geschwister, Omas, Opas und Onkel. Eben eine Familie.

Bei dem »Heiratsbeschluss« war ich zwar Beobachter, allerdings fühlte ich zum ersten Mal im Lande der Kälte so etwas wie Zugehörigkeit zu einer Familie. Allein die Vorstellung von einem eigenen Kind in einer großen Familie genügte, um in die Heirat einzuwilligen. Dieses Mal kam eine Abtreibung für mich nicht infrage. Ich fühlte im erwarteten Kind ein Zuhause.

Ich sitze in einem Schiff auf offenem Meer. Eine Frau sitzt im Schiff. Sie hat bemalte Lippen, lackierte Fingernägel und wilden Haarwuchs. Sie spricht: »Ich suche und finde nicht. Kein Aug ist mein. Wenn ich finde, verliere ich, meine Augen versinken in tiefen Schlaf. Wenn ich sehe, erblindet ein Auge mir, im Sehen, im Suchen. Suche mich im Schlaf meiner Augen, dort am Ufer, wo ich einst Erde war.«

Der Magister und die Heirat

Ich schrieb meine Magisterarbeit über das Thema »Idee und Ideal« in der transzendentalen Dialektik von Kants »Kritik der reinen Vernunft«. Die Arbeit war eigentlich nicht sehr gut. Erstaunlich war, dass mein damaliger Professor, mit dem ich mich später befreundete, gar nicht bemerkte, dass Deutsch nicht meine Muttersprache ist.

Die mündlichen und schriftlichen Prüfungen absolvierte ich mit besseren Noten. In der schriftlichen Prüfung ging es um Wittgensteins Spätphilosophie.

Das ehemalige Straßenkind mit festem Wohnsitz, der

Schulversager, hatte den ersten Titel errungen: Magister Artium, Meister der Künste. Erstaunlich.

Pia und ich heirateten. Sie war 25 und ich 27. Nach den Feierlichkeiten am Abend der Hochzeit zogen wir in eine überaus luxuriöse und charmante Altbauwohnung, die uns die Eltern gegen eine geringe Miete zur Verfügung stellten. Die Wohnung befand sich im besten Viertel der Stadt. Ich trug die Geschenke die Treppen hoch und Pia war überaus schlecht gelaunt und schrie mich an, ich solle aufpassen, dass die Geschenke nicht herunterfallen. Unglückliche Jahre bahnten sich an.

Freunde schenkten uns einen Urlaub in ihrem Haus in Frankreich, wo wir schreckliche Tage verbrachten.

Pia unterbrach ihr Studium und ich versuchte, eine Arbeit zu finden. Sie sagte mir einmal, sie wäre am liebsten Salondame im 18. Jahrhundert, verheiratet mit mir, einem reichen Adligen, der immer schöne Feste veranstaltet und sie würde als Hausdame für ein schönes Beisammensein sorgen. Bedauerlicherweise war ich nicht adlig und wir schrieben das Jahr 1983. Aber immerhin: ich lernte von ihr den guten Geschmack. Sich schön kleiden – das konnte sie.

Pia muss irgendwie gefühlt haben, dass ich sie nicht liebte. Es war mein Fehler, sie zu heiraten.

Mein Körper hat seine Sprache verloren. Ich will fühlen mich. Kalt ist es mir ums tiefe Herz, das von mir gewichen ist. Auge der Liebe: Was geschah? Suche dich, Herz, im tiefen Schlaf.

Waldweben

Mit einem befreundeten alten Herrn ging ich zum ersten Mal in meinem Leben in einem Wald spazieren. Wald kannte ich bis dahin nicht. Ich meine jetzt einen richtigen Wald. Wenn man in einem Elendsviertel in Beirut aufwächst, da weiß man wirklich nicht, was ein Wald ist. Mein Begleiter sagte, ich sollte dem Waldweben lauschen. Ich wusste nicht, was das Wort bedeutet und wollte es nicht zugeben. So sagte ich listig, dass mich vor allem die zusammengesetzten Wörter an der deutschen Sprache faszinierten. Er erläuterte dann das Wort Weben und so verstand ich, was Waldweben bedeutet.

Es war aber auch wirklich die Liebe zur deutschen Sprache, die immer stärker wurde. Unendlich schön war die Erfahrung neuer Gefühle durch neue Ausdrücke. Ich lernte ja mit jedem neuen Ausdruck eine neue Welt und ein neues Gefühl kennen und dieses Mal war es das Gefühl der Welt des Waldwebens. Später, viel später, war ich im Theater in der Vorstellung »Ring des Nibelungen« und da begegnete mir dieser Ausdruck im zweiten Akt: Waldweben, auch noch als Musik. Reicher wurde ich, wenn ich mir neue Ausdruckgefühlswelten erschloss und ich wurde geradezu süchtig danach. Bei manchen ist es das Geld, was süchtig macht. Bei mir war und ist es heute noch die Sprache.

Vielleicht ist diese Sucht deswegen manchmal übertrieben, weil ich mit der Sprachbeherrschung das Fehlen von Zugehörigkeitsmerkmalen aus Faktizität, also von solchen, die man nicht wählt, zu kompensieren versuche. (Das ist eine psychologisch angehauchte These, über die ich immer wieder lachen muss!).

Entwicklungshelfer Teil II

Die Stiftung, bei der ich einst Stipendiat war, bot mir eine Stelle als Referatsleiter an. Ich nahm das Angebot an und war nun für die Ausbildung von Stipendiaten aus arabischen Ländern an Technikerschulen und Universitäten in Deutschland zuständig. Erst dadurch erfuhr ich, dass diese Stiftung eine Behörde war und was es bedeutet, in einer Behörde zu arbeiten. Mitarbeiter schlurften, Akten tragend, den Gang entlang und warteten auf den inneren Gong, der das Ende des Arbeitstages und den Beginn des eigentlichen Lebens, eben den Feierabend, einläutete. Und das noch eigentlichere Leben fand in dem jährlichen Urlaub statt, über den sie dann rückschauend erzählten. Interessant war bei ihrer Erzählung, dass der Urlaub als das Paradies schlechthin dargestellt wurde, von dem man Abschied nahm und nun in den Hexenkessel zurückgekehrt war.

Ich kaufte mein erstes Auto, einen VW–Jetta und war nun ein aufstrebender Referatsleiter mit Büro, Sekretärin und Auto. Meine Sekretärin telefonierte mit ihrem um einiges älteren Freund, der ein Autotelefon besaß und sie fragte ihn immer süffisant »Funkst du wieder, Tiger?«.

Die Arbeit in der Behörde war zwar inhaltlich interessant, es war jedoch nicht einfach, von den Mitarbeitern, die mich seinerzeit als Stipendiaten betreuten, akzeptiert zu werden. Für sie war ich weiterhin der Stipendiat.

Einige Studenten, für deren Ausbildungsprogramm ich zuständig war, kamen aus Saudi Arabien und studierten an einer Universität. Eines Abends rief mich die dortige Uni–Betreuerin an und sagte, die Studenten hätten das Wohnheim verlassen mit dem »Argument«, ein böser Geist sei im Wohnheim. Sie verlangten von der Betreuerin eine andere Unterkunft für sich und ihre Familien. Da sie insgesamt etwa 50 Personen waren, wusste die Betreuerin nicht, wie sie es anstellen sollte, auf die Schnelle geeignete Unterkünfte für alle zu finden.

Ich fuhr hin und versuchte nicht einmal, sie davon zu überzeugen, dass Geister in Deutschland nicht weilen. Vielmehr war ich der Kulturvermittler und hoffte aus den Studenten herauszubekommen, wie man den bösen Geist vertreiben könnte. Gegen Mitternacht kristallisierte sich ein Ausweg heraus. Gemeinsame Gebete sollten den bösen Geist bis zur Haustür bringen und von dort hinaus befördern. Also gingen wir gemeinsam betend in das obere Stockwerk und trieben den Geist bis zur Haustür immer vor uns her. Wir standen dann vor der Haustür, versperrten sozusagen dem Geist den Weg und schrien gemeinsam, er möge verschwinden. Ich blieb draußen, die Studenten verschlossen schnell die Tür und der Geist war draußen. Wo er dann hinging, weiß ich leider nicht. Ich hatte zu ihm keinen Kontakt mehr. Vielleicht ist er dann zur Saudi-Arabischen Botschaft gegangen. Wer weiß.

Am nächsten Tag war das muslimische Opferfest. Die Studenten luden mich zum Abendessen ein. Wir wollten auch die Geistvertreibung feiern. Ich ging am Abend hin und da stand die Polizei vor der Tür, wo der Geist am Abend davor vertrieben wurde. Es stellte sich heraus, dass die Studenten ein Lamm eigenhändig geschlachtet hatten, die Nachbarn dies mitbekommen und die Polizei benachrichtigt hatten. Nun war es meine Aufgabe, die Polizisten über die Sitten und Gebräuche der saudischen Gesellschaft aufzuklären und um Nachsicht zu bitten. Am Ende wurde eine Strafe verhängt, die ich aus der Portokasse bezahlte. Das Geld bekam ich dann von der Botschaft Saudi Arabiens zurück. Die Polizisten waren großzügig. Die Studenten durften das Lamm behalten und ich aß mit.

Die saudischen Schüler und Studenten – allesamt zwischen 19 und 25 Jahren – erhielten ein Stipendium von der Botschaft in Höhe von 12.000 DM im Monat. Diejenigen von ihnen, die an einer Technikerschule waren, kamen kaum zum praktischen Unterricht, da sie sich die Hände nicht schmutzig machen wollten. Der dortige Schulleiter wollte »durchgreifen« und stellte an einem Montag die Regel auf, für jeden Fehltag müssten die Schüler 100 DM bezahlen. Da standen alle auf, zahlten 500 DM pro Person und verließen den Saal. Sie hatten sich gleichsam für eine Woche freigekauft.

Meine Aufgaben waren vielfältig. Ich musste z. B. einen Studenten in die Psychiatrie einliefern. Er hatte die Nachricht bekommen, dass er in Abwesenheit versprochen worden war und dass die Heirat bei seiner Ankunft in Saudi Arabien auf ihn wartete. Er zeigte mir das Bild eines verschleierten Mädchens und meinte, er wisse nicht, ob sie zusammenpassen würden. Er war verzweifelt und sich nicht mehr so sicher, ob Gott es mit ihm gut meinen würde. Es könnte ja so sein, dass Gott ihn mit einer unglücklichen Heirat bestrafen würde, da er in Deutschland gesündigt habe. Er hatte Alkohol getrunken und oft auch begierig Frauen nachgeschaut. Folglich war es für ihn nicht nur logisch, sondern auch real möglich, dass Gott ihn mit einer unglücklichen Heirat bestrafen würde.

Eine Psychiatrie kennenzulernen, war nicht uninteressant. Ich kam mit ihm an, er war völlig aufgebracht und aggressiv. Es dauerte aber nicht lange, da bekam er ein Medikament verabreicht und wurde sanft wie das Lamm, das die Studenten zum Opferfest schlachteten. Drei Wochen später entschied die Botschaft, er müsse Deutschland verlassen und nach Saudi Arabien zurückkehren. Was dort mit ihm geschah, weiß ich leider nicht. Vielleicht hat ihn die Psychose vor der Heirat gerettet. Auch das schien mir nicht nur logisch, sondern ebenfalls real möglich zu sein.

Das erste Kind

Wir bekamen das erste Kind, einen Jungen. Pia hatte große Probleme, das Baby zu stillen und zu baden. Milch wurde abgepumpt und ich gab dem Kleinen die Flasche und badete ihn. Unterstützung bekamen wir von der Oma und der Urgroßmutter. Sie kamen häufig, erledigten die Wäsche, kochten und halfen beim Reinemachen. Auch halfen sie dabei, die alte charmante Wohnung noch schöner zu gestalten. Ich verwahrte mich dagegen, als sie anfingen, auch meine dreckige Wäsche mitzunehmen. Irgendwie kam es mir so vor, als ob ich mit einem Kind verheiratet wäre.

Pia war mit Kind und Ehemann einfach überfordert und fing an, unter Kopfschmerzen zu leiden. Aber nicht nur. Es waren dann auch Körperschmerzen, Bauchweh etc. Ich glaube, sie litt an sich selbst und wünschte ein anderes Leben. Oft sagte sie, sie sei einfach unglücklich und ich musste meine gute Laune verbergen. Ich nahm dann die Rolle des Therapeuten bzw. des Helfers ein und dachte, ich könnte sie glücklich machen. Das war, glaube ich, falsch.

Ich erlebte wirklich tiefe Gefühle, die ich bis dahin nicht kannte. Sie waren anderer Art als diejenigen, die ich Lola gegenüber empfand. Die Gefühle empfand ich nicht für Pia, sondern sie galten meinem Kind.

Ich ging mit ihm zum Spielplatz, wohin Pia nicht mit ihm gehen wollte. Sie sagte, der Kinderspielplatz sei ein Gräuel und sie würde dort Depressionen bekommen. Also ging ich mit ihm zum Spielplatz und auch häufig spazieren. Wir weilten meistens vor einem Aquarium mit Fischen in einem Schaufenster und ahmten die Mundbewegungen der Fische nach. Zuhause lag Pia mit einem nassen Lappen auf der Stirn und weinte.

Später schenkte mir eine Familie, die in unserer Gegend wohnte und die ich flüchtig kannte, ein Buch mit dem Titel »Der Vater mit seinem Kind«.

Pias Geschwister kamen oft zu Besuch und immer wenn sie oder Freunde da waren, ging es ihr viel besser. Kaum war der Besuch weg, da stellten sich bei ihr irgendwelche Schmerzen ein und sie wurde depressiv. Ich konnte die Vermutung kaum abwehren, dass ihr Unglück etwas mit mir zu tun hatte.

Ich las meinem Sohn vor dem Schlaf mir bis dahin unbekannte Kinderbuchgeschichten vor. Die »Sozialisation« des Kindes war auch meine (verspätete) Sozialisation. Ich lernte im Erwachsenenalter die Mythen, Lieder, Geschichten, Spiele, Fertigkeitsselbstverständlichkeiten etc., kurz die Welt kennen, in die Kinder hineinwachsen.

Da ich in jener Zeit Gedichte verschlang, las ich ihm auch Gedichte vor. Es waren vor allem Gedichte von Trakl, die ja bekanntlich nicht gerade fröhlich sind. Aber immerhin: Celans Todesfuge habe ich ihm vorenthalten. Ich las ihm aber auch die Nibelungengeschichte vor und lernte sie dabei kennen.

Mit vier Jahren ahmte mein Sohn mein Saxophon-Spiel mit Mundgeräuschen nach und behauptete von da an, er werde »Thauthpieler«, »Musiiker« oder »Ressigeur«. Er ist »Musiiker« geworden.

Formalisierung der Einwurzelung

Dass die Einbürgerung ein langwieriger bürokratischer Prozess ist, während dessen ich jeglichen Bezug zum eigentlichen Inhalt und Ziel des Prozesses aus den Augen verlor, war mir so nicht klar. Mein Schwiegervater, ein angesehener Rechtsanwalt in unserer Stadt, half kräftig dabei, die Formalitäten zu beschleunigen. Nicht nur deshalb empfand und empfinde ich heute noch große Sympathie für ihn.

Das Ende des langen bürokratischen Weges kam dann auch und mir wurde in einem schäbigen Zimmer des örtlichen Ordnungsamtes die Einbürgerungsurkunde ausgehändigt.

Am Tag danach ging ich mit meinem Freund Joseph in einem Waldgebiet mit vielen kleinen Hügeln und Lichtungen spazieren und da sagte er mir: »So, mein Lieber, das ist jetzt deine Heimat«. Nun ja. So leichtsinnig kann man in seinen Aussagen sein.

Für mich war die Einbürgerung nichts anderes als die Formalisierung bzw. Institutionalisierung des schon lange einsetzenden Prozesses der Einwurzelung. Dabei waren Nebeneffekte nicht unwesentlich, wie vor allem das Reisen in andere Länder. Reisefreiheit stellte sich ein. Davor musste ich immer »schwarz«, also ohne Visa, über die Grenze in andere Länder reisen.

Nun aber war ich für die Beamten an den Grenzen Europas kein gefährlicher Zombie mehr. Denn jedes Mal, wenn ich vor der Einbürgerung mit meinem palästinensischen Pass an einer Grenze auftauchte, war Alarm geschlagen worden. Einmal wurde ich bei dem Versuch erwischt, die Grenze zur Schweiz ohne Visum zu passieren. Als die dortigen Grenzbeamten meinen Pass sahen, wurde Verstärkung herbeigerufen. Alle schauten auf den gefährlichen Zombie. Sie waren aber auch froh, mich nach Deutschland zurückschicken zu können. Die Gefahr für die Schweiz wurde ja damit beseitigt.

Auch die Einreise mit dem palästinensischen Pass in ein arabisches Land war nicht weniger brisant. Die Ausstellung eines Visums war nicht einfach, und wenn ich eins bekam, so war an der Grenze von der in den Medien bis heute propagierten Brüderschaft mit den Palästinensern nichts zu merken. Ich wurde ebenfalls wie ein gefährlicher Zombie behandelt. Schweizerische, französische und ägyptische Grenzbeamte unterschieden sich nicht in der Einschätzung der Gefährlichkeit des Trägers eines palästinensischen Passes und auch nicht in der Behandlung meiner Person. Das ist doch irgendwie interessant. Um es mit Achternbusch zu sagen: es gibt da einen Zusammenhang. Nur kenne ich ihn nicht.

Entwicklungshelfer Teil III

Der Ehrgeiz packte mich. Ich wollte in der Hierarchie aufsteigen und bewarb mich hausintern auf einen besseren Posten. Dieser wurde mir verwehrt und so beschloss ich, die Behörde zu verlassen.

Mit meinem Arbeitgeber vereinbarte ich, dass ich kündige und die Betreuungsarbeit der Stipendiaten als Selbstständiger übernehme. Meine Schwiegereltern liehen mir 4000 DM, womit ich einen farbigen Nadeldrucker kaufte.

Ich war nun selbstständig tätig und lernte eine andere Seite des Landes der Kälte kennen. So war es erstaunlich, zu erleben, wie der Staat die Selbstständigkeit über Steuererleichterungen – vor allem was den »Dienstwagen« anbelangt – kräftig mitfinanzierte.

Erhobenen Hauptes bin ich morgens vom Frühstückstisch ins Arbeitszimmer gegangen, saß an meinem Schreibtisch und telefonierte zuweilen in einem jovialen Tonfall mit meinen »Kunden«. Ich war ja schließlich Geschäftsführer – zugegeben lediglich einer Gesellschaft des bürgerlichen Rechts, eben einer GdbR. Aber immerhin Geschäftsführer.

Ich bekam auch weitere Aufträge von anderen Organisationen und »das Geschäft« wuchs. Mein erster Auslandseinsatz als Selbstständiger war ein Stadtentwicklungsprojekt im Jemen. Ich sollte als Ko–Moderator bei einem Planungsworkshop mitwirken.

Ich kam mit meinem deutschen Pass um 03:00 Uhr morgens in Sana´a an und fuhr mit dem Taxi ins Hotel. Sana´a liegt auf ca. 2.200 Meter Höhe und ist eigentlich eine Stadt aus der Vorzeit mit atemberaubender Lehmarchitektur. Ich bekam Atembeschwerden und es war nicht nur die dünne Luft, die Angst in mir hervorrief.

Die Moderatorin, die ich gleichsam als »Auszubildende« in Sachen Moderation begleitete, war eine hochgewachsene kräftige Blondine, die mit farbigen Metaplan–Kärtchen hantierte und den Jemeniten diese Visualisierungstechnik beibringen wollte. Die Herren saßen im Raum und kauten ab 14:00 Uhr Kat. Kat ist die legalisierte Volksdroge des Landes. Es sind Blätter, die man im Mund behält, an ihnen kaut und dazu Flüssigkeit – meistens Coca Cola – zu sich nimmt.

Die farbigen Kärtchen brachten die Runde zum Lachen. Man lachte herzlich und war aus Höflichkeit bemüht, die Deutsche zufriedenzustellen. Ich verstand natürlich die Scherze in Arabisch und die Moderatorin fragte mich immer wieder, worüber die Herren lachen würden. Ich antwortete ausweichend. Sie war dadurch irritiert und ich musste eben das tun, wofür ich bestellt war: zu vermitteln zwischen den Kulturen. Brisant wurde es, als die Dame alle aufforderte, sie mögen einen Zeitplan zur Implementierung des Projekts mit eindeutigen Zuständigkeiten festlegen. In den Augen der Moderatorin waren die Herren sehr großzügig und unrealistisch in ihrer Planung. Man war es auch tatsächlich. Den Jemeniten war es eigentlich egal, was wann von wem zu erledigen wäre. Sie wussten, dass es ohnehin anders kommen würde. Sie waren eigentlich nur bestrebt, den Wunsch des Gastes zu erfüllen. Auf die Sache kam es mitnichten an.

Ich war mitten drin und wunderte mich über diese Entwicklungshilfe, die ja dann später in Entwicklungszusammenarbeit umbenannt wurde. Die Umbenennung ist natürlich Programm und entspringt einer Wunschvorstellung, die so nicht überall umsetzbar ist.

Abends ging ich in der Altstadt spazieren, und regelmäßig fiel der Strom aus. Es waren Momente, in denen ich dachte, im Arabien des 9. Jahrhunderts zu sein. Männer mit markanten Gesichtern, langen Bärten, Kat im Mund und krummen Dolchen bewegten sich wie Schatten durch die Straßen.

Nach dem Spaziergang ging ich in lokale Fischrestaurants. Man wickelt dort Fische mit Zeitungspapier ein und wirft sie für kurze Zeit in einen Holzofen. Sie werden herausgenommen und der Gast muss dann das verbrannte Papier entfernen, um den garen Fisch – in den sicherlich Druckerschwärze eingedrungen ist – essen zu können. Im Jemen musste ich feststellen, dass die Elendsviertel Beiruts dagegen luxuriös waren.

Vor meinem Hotel saß ein Bettler. Wenn man nach 16:00 Uhr an ihm vorbei kam und ihm Geld geben wollte, entgegnete er, er habe geschlossen. Man könne, so sagte er dann lapidar, am nächsten Tag wieder kommen und etwas Geld geben.

Mein nächster Einsatz war in einem Berufsbildungsprojekt in Aden. Es herrschten 45 Grad und die Luftfeuchtigkeit lag nahe der 100%–Grenze. Man wollte dort eine Lehreranstalt für Berufsschulen errichten und ich sollte die Moderation der Planungssitzungen zwischen den deutschen und jemenitischen Fach- und Führungskräften übernehmen. Mein Auftraggeber schrieb vor, man solle partizipativ arbeiten. Was das im Jemen zu bedeuten hatte, wusste eigentlich niemand so recht. Meine

Interpretation dieser Vorgabe war einfach: Den Jemeniten mit Freundlichkeit, Humor, Blick- und je nach Situation auch mit Körperkontakt zu verstehen geben, dass wir gemeinsam etwas erreichen und die berühmt berüchtigte Ehre aufrechterhalten wollten. Dies, so meine Strategie, setze voraus, dass sie den Deutschen zeigen, wie gut sie seien. Bei den Deutschen hingegen war ich bestrebt, sie in ihrem Drang zu bremsen, alles bestimmen zu wollen und gleichzeitig ihnen zu verstehen zu geben, dass sie nicht allein im Besitz der Wahrheit seien und wir gemeinsam den mühsamen Weg der kulturellen Adaption gehen müssten. Damit waren sie in der Regel schnell zufrieden zu stellen. Die höchste Erfüllung meiner Aufgabe drückte sich in dem Satz meiner deutschen Kollegen aus: »Sie kriegen es schon hin«. Es ging ja immer darum, etwas »hinzukriegen«.

In Aden waren wir im Hotel Mövenpick untergebracht. Wenn man am Abend etwas aufs Zimmer bestellen wollte, musste man die Zimmertür öffnen und den Kellner rufen. Er kam zwar nicht, dafür aber drangen mehrere Ratten ins Zimmer.

Ich avancierte zum Chefmoderator der Projekte im Jemen. Es folgten nämlich andere Bewässerungs-, Müll- und Bildungsprojekte und bald sprach es sich herum, dass es jemanden gibt, der »die Araber« versteht. Bald wurde ich auf diese Weise auch nach Ägypten, Jordanien und Palästina geschickt.

Bei meinen Reisen nahm ich immer mein Saxophon mit. Beim ersten Mal am Flughafen von Sana'a fragte mich der Grenzbeamte, was in dem Saxophon-Kasten stecken würde. Da ich das arabische Wort für Saxophon nicht kannte, öffnete ich den Kasten und zeigte es ihm. Er sagte daraufhin: »Ah! Piano.«

»Ja, Piano«, sagte ich und schloss den Kasten wieder zu.

Die Firma

Anfangs war mein Büro zuhause und nach einem Jahr musste ich einen Mitarbeiter einstellen. Bald wuchsen die Aufträge und ich musste Büroräume anmieten, um größere Aufträge zu bekommen. Ich bezog dann ein 120 m^2–Büro in der Innenstadt und war einer der ersten, der einen ISDN–Anschluss hatte. Damit waren zehn Telefonnummern einwählbar. Um als große Firma nach außen hin zu erscheinen (eben um größere Aufträge zu bekommen), mussten meine Nachbarn vom Umweltbundbüro einspringen und Telefonzentrale spielen. Der dortige Angestellte war sehr sympathisch und wir freundeten uns an.

In den Räumen konnte ich auch Schulungen durchführen und manche Programme für Stipendiaten mithilfe externer Dozenten in den eigenen Räumen stattfinden lassen.

Empfänge beim Bürgermeister mit ranghohen Besuchern aus Ministerien arabischer Länder waren häufig.

Innerhalb von drei Jahren stellte ich drei weitere Personen ein. Das Geschäft blühte und damit die Einnahmen. Ich war – allemal im Vergleich mit meinen Ursprungsverhältnissen – sehr reich. Und wie gesagt, der Staat unterstützte meine Expansion mit erheblichen Absetzungssummen.

Mein größter Auftrag bestand darin, eine internationale Konferenz für Minister und deren »Deputies« aus allen arabischen Ländern zu planen und durchzuführen. Wie immer moderierte ich die Konferenz.

Um das Gelingen des fachlichen Teils der Konferenz zu fördern, mietete ich ein Schiff mit arabischem Essen und arabischer Musik an Bord, und wir feierten ausgiebig. Die Konferenz glückte voll und ganz.

Entwicklungshelfer Teil IV: Palästina

Bei meinem ersten Einsatz in Palästina kam ich am Ben Gurion – Flughafen in Tel Aviv an und wurde entgegen meiner Erwartung sofort in ein Separee gebracht. Das war allerdings kein Akt der Gastfreundlichkeit. Der deutsche Pass hatte wenig geholfen, da Geburtsort und Name für die israelischen Sicherheitskräfte eindeutige Belege für einen Selbstmordattentäter waren.

Ich stand den »Feinden« meiner Eltern gegenüber. Es waren gut geschulte Mädchen und Jungen des Sicherheitsdienstes, die immer wieder rührend sagten, es sei alles zu meiner eigenen Sicherheit. Ich musste mich ausziehen und wurde durchsucht. Die Tatsache, dass sie keine Bomben in meinem Hintern fanden, entkräftete den Verdacht, ich könnte ein Selbstmordattentäter sein, also durfte ich mich wieder anziehen. Nach langer Befragung über Sinn und Zweck meines Besuches wurde ich »entlassen«. Ich verließ das Flughafengebäude und war zum ersten Mal im Land meiner Eltern.

Mein erster Einsatz war in Gaza. Gaza erreichte man über den Erez–Übergang. Es ist ein langer Korridor im Niemandsland mit Wachtürmen, in denen israelische Soldaten die Gewehre auf die Passanten richten. Das Taxi hielt am Eingang des Korridors, und ich musste samt Koffer zum anderen Korridorende laufen. Dort waren die palästinensischen Polizisten.

Bei der Eröffnungsfeier der ersten Planungssitzung kam Yassir Arafat dazu, küsste mich (dabei stank er fürchterlich aus dem Mund) und sagte mir, er sei stolz auf mich, ich als Palästinenser hätte es sehr weit gebracht. Er sprach natürlich auch von Stolz und Ehre. Diese verdammte Ehre. Immer stand sie im Mittelpunkt.

Die Aufgabe in Gaza war, eine Müllentsorgung einzurichten, um die Hygienebedingungen zu verbessern. Dazu gehörten natürlich Mülldeponien, Müllabfuhr und Mülltonnen. Ich besuchte die Elendsviertel und musste auch hier feststellen, dass meine Eltern es besser hatten. In Gaza, wohl die Stadt mit der höchsten Bevölkerungsdichte der Welt, wohnen die Menschen dicht gedrängt in erbärmlichen Behausungen und warten seit 1948 bzw. 1967 auf die Rückkehr in ihre Geburtsorte, in die Gebiete, die heute als das Kernland Israels gelten. So schnell können sich Eigentumsverhältnisse in Palästina/Israel ändern.

Beim ersten Aufenthalt in Palästina bildete ich mir anfangs ein, ich würde so etwas wie ein Zuhause-Sein fühlen. Ich fuhr auch nach Haifa und stand vor dem Haus meiner Eltern. Die Tür war verschlossen und niemand wohnte darin.

Dieses Gefühl verflüchtigte sich jedoch rasch und es stellte sich eine Verwirrung ein. Ich war hin und her gerissen zwischen mehreren Gefühlen: vom Hass auf die Besatzer, die meine Eltern vertrieben haben. Ich war aber auch fasziniert davon, dass das Land Europa verdammt ähnlich war und mir in jeder Einzelheit gut gefiel. Auch die »Besatzer« waren mir in ihrer Lebensweise sympathisch. Sie waren gebildet, offen und sprachen nicht über Ehre. Den Palästinensern gegenüber fühlte ich mich verbunden und beim Anblick der Familien und Menschen empfand ich tiefste Solidarität und Sympathie. Und schließlich: Celans »Schwarze Milch der Frühe …« geisterte in mir und mahnte mich immer wieder, mich zu mäßigen. Der eingewurzelte Deutsche in mir empfand Scham für das, was Nazi-Deutschland mit den Juden angerichtet hat. Eigentlich führte diese Verwirrung zu einer Gefühlsinstabilität. Je nach Situation empfand ich mal Hass auf »die Israelis«, ein anderes Mal war es Bewunderung. Auch blieb es nicht aus, dass ich die fanatischen israelischen Siedler – es waren vor allem amerikanische Brooklyn-Juden in Hebron – am liebsten umbringen wollte. Allerdings musste ich zu meinem Erstaunen feststellen, dass ich die fanatischen Palästinenser – vor allem die religiösen waren es – verachtete und sie am liebsten mit den fanatischen Brooklyn-Juden in einen Käfig einsperren wollte.

Und schließlich: Ich war getrieben vom Drang, den Palästinensern zu helfen und den Israelis zu zeigen, dass Palästinenser ein besseres Leben verdienen.

Auf der Westbank lernte ich deutsche Entwicklungshelfer kennen und ich lernte zu verstehen, warum sie in ihren Äußerungen manchmal stark antisemitisch waren. Die Straßensperren und die Art, wie die Soldaten Palästinenser behandelten – all das war schwer zu ertragen. Ich fuhr einmal mit einem Taxi zum Flughafen. Der Fahrer des Taxis war ein Palästinenser aus Ostjerusalem mit einem amputierten Bein. Wir kamen an einer der zahlreichen Straßensperren und der Soldat schrie ihn an: »Komm heraus, du Tier!« Der Mann kroch aus dem Taxi, wurde von den Soldaten weiter beleidigt und wir durften weiterfahren. Gerade weil Stolz und Ehre eine zentrale Rolle im Leben der Menschen im unheiligen Land spielen, schien es mir selbstmörderisch zu sein, wie die israelischen Soldaten mit den Palästinensern umgehen. Das war auch solch ein Augenblick, in dem ich verstand, wie leicht es ist, ein politisch motivierter Mörder zu werden.

Mit der Zeit lernte ich das Land besser kennen und musste feststellen, dass es Indien in der Hinsicht ähnelte, dass es nämlich in Kasten aufgeteilt ist. An oberster Stelle stehen die amerikanischen Juden, gefolgt von den westeuropäischen Juden. An letzter Stelle der sozialen Leiter befinden sich die Palästinenser, für manche Israelis noch hinter den Affen, die in den gut eingerichteten Zoos des israelischen Staates untergebracht sind.

Ich nahm viele Andenken aus Palästina mit und auch Süßigkeiten, von denen meine Eltern immer schwärmten. Es war vor allem die Süßigkeit »Knafe« aus Nablus.

Am Flughafen kam ich in die übliche Dreifach–Befragung. Abwechselnd werden den Passagieren die gleichen Fragen von drei unterschiedlichen Sicherheitsbeamten gestellt. Diese stimmen sich am Ende ab und entscheiden über mögliche Widersprüche der Aussagen und die daraus zu ziehenden Schlussfolgerungen. Es wird also – auch hier partizipativ – entschieden, wie mit dem Passagier zu verfahren ist. Vor mir stand eine Deutsche mit einem schreienden Baby im Arm. Sie wurde auch dreifach befragt und bei der dritten Befragung machte ich den Fehler, den israelischen Beamten auf etwas hinzuweisen. Ich sagte ihm nämlich, Studien hätten gezeigt, dass Frauen mit kleinen Kindern niemals Bomben bei sich tragen würden. Daraufhin wurde ich wieder in ein Separee geführt, meine Süßigkeiten wurden konfisziert und dieses Mal verpasste ich meinen Flug.

Ich kam des Öfteren nach Palästina und war in zahlreichen Bildungsprojekten tätig. Immer wieder wurde ich hin und her gerissen zwischen unterschiedlichen und sich widersprechenden Gefühlsregungen. Besonders brisant wurde es für mich, als ich die Gedenkstätte Jad Vashem besuchte. In einer Halle waren Bilder der Kinder, die von den Nazis ermordet worden waren und aus einem Lautsprecher ertönten die Namen der Ermordeten. Es war und ist dann wirklich schwierig, die Vertreibung meiner Eltern zu verurteilen und bei der Verurteilung stehen zu bleiben. Der Verurteilung gesellt sich unzertrennlich ein ABER hinzu.

Als ich das erste Mal in Jerusalem war, übernachtete ich in dem schönen Hotel »American Colony« in Ostjerusalem. Im Hof saß ich unter einem Zitronenbaum und erinnerte mich daran, was meine Eltern von Ariha, also Jericho, erzählten. Ich fuhr dann hin und tatsächlich duftete es dort nach Orangen. Vielleicht hat ja auch die Erinnerung den Duft gespendet. Wer weiß.

In Jerusalem ging es um ein Abwasserprojekt für die Palästinenser in Beit Hanina und Beit Sahour. An den hochpolitischen Planungssitzungen nahmen führende Politiker aus Deutschland, den USA und den Niederlanden sowie aus Israel teil. Der damalige Bürgermeister Elias Freij, der sich zuvor mit Jimmy Carter getroffen hatte, war unser Gastgeber.

Ich ging durch die Altstadt Jerusalems und fand mich an einer Gabelung, die zu den heiligen Stätten der drei monotheistischen Religionen führt: Klagemauer, Golgatha und zur Al-Aqsa-Moschee. Mir kam dabei das Lied der libanesischen Sängerin Fairuz in den Sinn:

Ich ging durch die Straßen
Die Straßen des alten Jerusalem,
Vorbei an allem, was von Palästina übrig geblieben ist.
....
Meine Stimme: Erhebe dich
Und sprich zum Gewissen der Welt,
Sag, was geschehen ist,
Vielleicht erwacht das Gewissen.

»Geweckt« wurde ich durch das Brüllen der überall anwesenden israelischen Soldaten. Man hatte eine Tüte am Straßenrand gefunden und Panik brach aus. Es könnte ja eine Bombe sein.

Die Soldaten riegelten die Gegend ab und schossen auf die Tüte. Falafel-Reste flogen in die Luft.

Ich besuchte auch Hebron. Dort soll ja Abrahams Grab

sein. Auf meinem Weg dorthin fuhr ich durch die Stadt und befand mich in einer Straße, die von 90 israelischen Siedlern aus Brooklyn bewohnt war. Die dortigen Palästinenser hatten ein Netz über die Straße gespannt, damit die Steine der israelischen Siedler sie nicht treffen. Ich blieb stehen und beobachtete, wie die Siedler spazieren gingen: bis an die Zähne bewaffnet, von Wachhunden und israelischen Soldaten begleitet, spazierten sie durch das palästinensische Hebron. Zu sagen, die Situation sei grotesk gewesen, wäre eine maßlose Untertreibung.

Im Übrigen:

Gaza war bis zum Jahre 1948 Teil Palästinas und stand natürlich unter britischem Mandat. Im Zuge des ersten arabisch-israelischen Krieges wurde Gaza durch Ägypten besetzt und blieb, nach einem kurzen Intermezzo in den 50-er Jahren, unter ägyptischer Verwaltung bis zum Jahre 1967. Im sogenannten 6-Tage-Krieg im Jahre 1967 eroberten israelische Truppen Gaza.

Entwicklungshelfer Teil V: Libanon

Meine Auslandseinsätze im Libanon erfolgten vor allem im Rahmen von Bildungsprojekten in Beirut. Kurz nach Ende des Bürgerkrieges war ich 1990 zum ersten Mal dort, eben als entwicklungshelfender Geschäftsführer und obendrein mit einem deutschen Pass.

Ich ging den Weg zu meiner damaligen beruflichen Schule durch die Straßen Beiruts und fand zu meinem Erstaunen die Imbissbuden, deren Sandwiches für mich damals unerschwinglich waren. Ich kaufte mehrere Hühnerlebersandwiches, spazierte schwankend zwischen Tränen und Freude. Ich hatte anfangs keine Angst vor den Polizisten und auch nicht vor der schwer bewaffneten Armee. Mein deutscher Pass wirkte wie ein innerer Schutzschild gegen die Angst.

Beirut war weitgehend zerstört, Häuser und vor allem die internationalen Hotels waren nur noch Ruinen. Manche Stadtteile, die ich aus meiner Jugend kannte, waren zur Unkenntlichkeit zerstört, so z. B. der Märtyrerplatz im Stadtzentrum. Ganze Straßen existierten nicht mehr. Die kleinen Gewürz-, Fleisch- und Gemüsemärkte waren verschwunden.

Wir gingen ins Erziehungsministerium und sollten dort mit dem Generaldirektor, einem Schiiten, sprechen. Dieser war aber kurz zuvor ermordet worden und weil alle wesentlichen Posten des Staates im Libanon nach religiösem bzw. konfessionellem Proporz besetzt werden, musste ein Schiit gefunden werden. Einen halbwegs qualifizierten schiitischen Nachfolger gab es aber nicht. Also setzte man interimsweise einen Ministerberater ein, der ein maronitischer Christ war. Ihm aber vertrauten die Schiiten und Sunniten im Ministerium nicht und so war es geradezu unmöglich, irgendeine Einigung über den Schulbau zu erzielen. Wir mussten dann die Hierarchieleiter hinauf steigen und mit dem Minister und seinen Stellvertretern sprechen.

Am Ende gelang die Mission nur teilweise. Immerhin einigten wir uns auf eine zweite Mission, bei der wir dann, so der Minister, mit einem bis dahin eingestellten Generaldirektor die Einzelheiten des Schulbaus vereinbaren können würden.

Natürlich sprach ich mit den Einheimischen arabisch und die Frage war unvermeidlich, ob ich Libanese sei. Ich antwortete darauf, dass ich Palästinenser bin. Man hätte es ohnehin an meinem Dialekt erkannt. Ich ergänzte aber, dass meine Mutter eine Deutsche sei. Diese Ergänzung war bedeutsam. Zum einen sollte sie mich vor Übergriffen schützen. Ich dachte, man würde mir das Palästinensersein bei einer deutschen Mutter besser »verzeihen«. Irgendwie war doch Angst vor den christlichen Libanesen aus meiner Kindheit im Spiel. Zum anderen wollte ich damit meine Einwurzelung in Deutschland zum Ausdruck bringen. Und schließlich: Ich wollte mit dieser Ergänzung unterstreichen, dass ich nicht ganz zu den Einheimischen gehörte. Letzteres war mir sehr wichtig.

In dieser Zeit bin ich auch mit dem Vertreter einer deutschen Firma in den Libanon gereist und hatte ausnahmsweise einen nichtstaatlichen Auftrag. Die Aufgabe bestand darin, den Erziehungsminister von dem Kauf von Laborgeräten für die dortigen staatlichen Universitäten zu überzeugen. Wir waren in einem 5-Sterne-Hotel untergebracht und von dort besuchte ich meine Eltern in ihrer schäbigen Unterkunft. Ab diesem Zeitpunkt überwies ich monatlich Geld an meine Eltern und sie kauften sich eine kleine Wohnung. Um den Kauf kümmerte sich meine Mutter, mein Vater natürlich nicht. Er schlief ja.

Der libanesische Minister war – und das wusste mein deutscher Firmenbegleiter – nur mit Geld zu überzeugen. Für einen Auftrag im Wert von 1,2 Mio. DM bekam er 100.000 DM auf ein stilles Konto überwiesen. Die deutsche Firma hatte damit Erfahrung. Ich war bei dem dreckigen Geschäft dabei und schäme mich noch heute dafür.

Schein und Unternehmersein

Wie ich erst auf meinen »Geschäftsreisen« in den Libanon erfuhr, gab es dort vor dem Bürgerkrieg eine beachtliche Kulturszene, so z. B. Theatervorstellungen, klassische Konzerte und Opernvorstellungen. Auch ein Spielcasino weist das kleine Land auf, das ungefähr die Hälfte der Fläche Hessens hat.

All das war mir in meiner Kindheit verwehrt. Jetzt kam ich als »reicher« Entwicklungshelfer daher und versuchte, alles nachzuholen. Ich wählte die besten Hotels und aß in den teuersten Restaurants. Anzüge mit Krawatten hatte ich ja. Für eine gute Auswahl sorgte meine Frau Pia.

Die Lebenswelt vor allem der besser gestellten Libanesen unterliegt mehreren Maximen: schön aussehen, gut essen, erfolgreich sein (koste es, was es wolle), lange feiern und bei vielen Libanesen auch: westlich sein. Letzteres sieht man z. B. daran, dass Mode und Medien exzessiv präsent und eine Kopie der westlichen Originale sind, wobei die Kopien häufig die Originale übertreffen. Bei Geschäften staunt man ob der Tüchtigkeit der dortigen Menschen. Auf den Straßen herrscht ein Verkehrsdarwinismus, der auch die Mechanismen der Geschäftswelt wiederspiegelt.

Vermutlich ist es nicht nur der Drang nach ökonomischem und sozialem Aufstieg, was dem libanesischen Unternehmergeist zugrundeliegt. Vermutlich wird er auch von der Vielfältigkeit in der Gesellschaft genährt. Die Reibung zwischen den unterschiedlichen Konfessionen und vor allem zwischen den gesellschaftlichen Gruppen mit ihren diversen Zugehörigkeitsvorstellungen trägt dazu bei, dass Bestehendes infrage gestellt und Neues geschaffen wird. Mit den Zugehörigkeitsvorstellungen meine ich vor allem, dass einige Gruppen sich als Araber, andere hingegen als Westler und andere wiederum als eine Orient–Okzident–Mischung verstehen. Manche Libanesen sind tatsächlich der Meinung, sie seien keine Araber. Andere hingegen haben sich dem Panarabismus des charismatischen, im Jahre 1970 gestorbenen ägyptischen Präsidenten Nasser verschrieben.

Einwurzelung in der Familie

Meine Familie bestand nun aus dem kleinen Kern mit Frau und Kind sowie aus der erweiterten Familie mit Schwiegermutter, Oma, Schwiegervater, den Geschwistern meiner Frau sowie den Onkeln und Tanten. Ich muss gestehen, dass ich in all diesen Jahren nicht sonderlich viel an meine Beirut–Familie dachte. Wenn, dann ging es um Geld, so z. B. für meine Mutter, die einmal operiert werden musste, für die Herzoperation meines dortigen Schwagers oder für die Ausbildung meiner Nichten und Neffen.

Wir feierten gemeinsam Feste, natürlich auch an Weihnachten und Ostern. Ich war Familienmitglied – fast wie jeder andere und fühlte mich als solches. Aber eines blieb anders: meine Liebe zu meinem Sohn. Er war es, der meine Einwurzelung sozusagen leibhaftig machte. Ich sprach mit ihm kein Arabisch – was er mir heute zu Recht übel nimmt. Ich konnte einfach nicht. Wie denn auch? Arabisch war die Sprache des Elends in Beirut. Mit ihm auf Arabisch zu sprechen, hätte womöglich Risse in die Mauern geschlagen, die ich gegen meine Vergangenheit aufgebaut hatte. Abgesehen davon war mein Arabisch zu jener Zeit miserabel. Ich hätte ihm sicherlich grammatikalische Fehler beigebracht und meine Aussprache war und ist es heute noch, alles andere als befriedigend.

Alles andere, nur kein Urlaub

Es konnte nicht ausbleiben, ich habe dann auch Urlaub gemacht. Mit meiner Frau, deren Schwester, einer Schauspielerin und ihrem Freund Hagen, einem großartigen Schauspieler, mit dem ich mich eng anfreundete, flog ich nach Korfu. Mit dabei waren auch die drei Kinder von Hagen und unser Sohn.

Den Anblick tätowierter bleicher Engländer, die schon morgens besoffen und grölend durch die Straßen gingen, war entsetzlich und ich verfluchte mich sehr bald, den Urlaub zugesagt zu haben.

An einem Abend saßen wir auf der Veranda unserer Villa zwischen Olivenhainen, tranken und unterhielten uns. Man muss es im Sinne Gottfried Benns sagen: uns geschah ein fatales Gespräch. Fatal war die Offenheit des Gespräches. Irgendwann war ich an der Reihe und packte aus. Ich erzählte von den Qualen und vor allem der Kälte unseres Ehelebens. Ich sagte, dass ich mir wie totes Holz vorkomme. Pia war stumm und – ich glaube – entsetzt. Als einzige von uns erzählte sie nichts, sondern hörte zu und gab kaum Kommentare ab.

Die Erfahrung, in einem Kreis von befreundeten Menschen Intimes zu erzählen, war auf der einen Seite befreiend. Auf der anderen Seite brachen damit Aggressionen aus, die man bis dahin in Schach gehalten hatte. Pia war beleidigt, ich war aggressiv, wollte das Gespräch mit ihr fortführen, was sie aber verweigerte.

In den Morgenstunden schlug Hagen der Schwester meiner Frau ins Gesicht und ich musste mit ihr in ein Krankenhaus auf Korfu. Allein die Suche nach einem Krankenhaus war abenteuerlich.

Der Urlaub war also ein Psycho-Urlaub, in dem die Paare sich noch mehr voneinander entfernten. Bei Hagen und der

Schwester meiner Frau dauerte es nicht lange: sie trennten sich. Mit ihm bin ich heute noch befreundet und wir erinnern uns »gerne« an den Urlaub, der keiner war.

Die Familie wächst mit dem Unglück

Als unser Sohn vier Jahre alt war, kam der Berater in mir auf die glorreiche Idee, Pia zu bitten, sie möge ihr Studium beenden bzw. eine Arbeit suchen. Ich dachte zum einen, sie könnte mich entlasten. Die Selbstständigkeit erwies sich nämlich als belastend. Die Aufträge zu sichern und genügend Umsatz zu erzielen, war alles andere als einfach. Hinzu kam, dass ich viel reisen musste. Im Schnitt waren es 4–6 Monate im Jahr, in denen ich in Flugzeugen saß, in anderen Ländern arbeitete und in fremden Hotelbetten schlief. In meiner Stadt hatte ich kaum noch soziale Kontakte. Zum anderen dachte ich aber auch, es könnte Pia guttun, wenn sie einer Beschäftigung nachginge.

Sie lehnte meinen Vorschlag ab und wollte eine Operndiva werden. Von da an nannte ich sie nur noch »die Callas«.

Die Spannungen zwischen uns wurden heftiger. Trotz Krankheit wurde sie schwanger. Wir machten Urlaub in Taormina und es waren wieder einmal entsetzliche Tage, an denen wir uns gegrämt anschwiegen.

Irgendwie hat sich mein Ehe–Unglück einen Weg gesucht. Es wanderte dann aus den Tiefen in meinen Rücken und setzte sich dort fest. Von da an hatte ich regelmäßig schreckliche Rückenschmerzen und konnte tagelang nicht aufstehen. Den nassen Lappen auf der Stirn verwendete ich aber nicht. Das war ja schließlich das Wahrzeichen von Pia.

Wir bekamen ein Mädchen. Heute bin ich natürlich unendlich froh über beide Kinder. So unglücklich die Ehe war, die Kinder sind zwei Perlen und ich habe durch sie echte Liebe erfahren und es gibt niemanden, mit dem ich so viel lachen kann, wie mit ihnen. Wenn wir zusammen sind, geht wirklich die Sonne auf.

Merkwürdig, dass Kinder aus einer unglücklichen Ehe hervorgehen können, ohne großen Schaden zu nehmen. Aber vielleicht haben sie welchen und ich sehe ihn noch nicht.

Jedenfalls konnten beide Kinder von uns – jeder natürlich für sich – unendlich viel Liebe empfangen. Auch waren wir uns fast immer in den wesentlichen Erziehungsfragen weitgehend einig.

Meiner Tochter brachte ich früh das Tanzen bei und hörte mit ihr arabische Lieder. Vielleicht ist das der Grund dafür, dass sie im Arabischen eine einwandfreie Aussprache hat, obwohl sie die Sprache nur rudimentär beherrscht. Obendrein hat sie von Anfang an eine unwahrscheinliche Gabe gezeigt, Menschen zu verstehen und nachzuahmen. Bereits sehr früh war es eine Wonne, Gespräche mit ihr zu führen. Sie ist heute Journalistin.

Unentwegt leben wir auf einem Trümmerberg im Haus der Liebe und unaufhaltsam wächst der Berg. Wohin mit den Trümmern? Wann fallen wir?

Es wird mühsamer, das Haus zu verlassen und Fragezeichen tauchen an den Wänden auf, und die Haut schwindet …

Ich schaue hinunter und sehe Mona. Sie winkt mir zärtlich zu und sagt in der Ferne: bleib nur da, Tor.

Der freie Fall ist eine Utopie.

Rückschläge der Einwurzelung

Eine befreundete Dame, die in einer Institution der Entwicklungszusammenarbeit tätig war, rief mich eines Tages an und meinte, ich müsste nach Ägypten, um ein dortiges Alphabetisierungsprojekt zu beraten. Wie ich später erfuhr, verfolgte sie ein weiteres Ziel. Sie hatte die Vorahnung, die dortige Projektleiterin und ich würden gut zusammenpassen. Davon wusste ich nichts.

Bei dem Projekt handelte es sich um die Unterstützung einer landesweiten Kampagne zur Qualifizierung von Frauen, die Analphabeten waren und in den staatlichen Betrieben arbeiteten. Da die Privatisierung anstand und da man wusste, dass die Frauen als erste entlassen würden, bemühte man sich um deren Qualifizierung, vor allem für eine Existenzgründung.

Ich kam in Kairo an und Amal – die dortige Projektleiterin – stand in der Empfangshalle. Ich sah sie und, um es mit Eichendorff zu sagen: mich überkam das Gefühl, »meine Seele flöge nach Haus«.

Wir sind in ihrem Mercedes zum Sheraton-Hotel gefahren und saßen am Nil. Amal hatte einen palästinensischen Vater und eine deutsche Mutter. Also sagte ich, es sei bei mir ebenso bestellt. Warum, weiß ich nicht genau.

Auch sie wurde in Beirut geboren und ging dort die ersten Jahre ihres Lebens zur Schule. Amals Arabisch war meilenweit besser als meines. Sie spielte mir arabische Lieder vor, die ich aus meiner Kindheit kannte und brachte mir die poetischen Ausdrücke bei. Wir sprachen viel über Palästina und über den Libanon. Zumindest in den ersten Wochen meines Kairo-Aufenthaltes versöhnte ich mich mit meiner Beirut-Vergangenheit und ich war nicht mehr »nur« Deutscher. Dabei fühlte ich mich ausgesprochen wohl. Dieser Zustand dauerte jedoch nicht lange an und übrig blieben eigentlich nur die arabischen Lieder. Sie gehören nun zu mir und immer wenn ich sie höre, bekomme ich Fernweh, wie eben auf Flughäfen, und weiß nicht wohin oder nach was.

Wir gingen oft in den Morgenstunden durch die Straßen Kairos und einmal waren wir gegen Mitternacht bei den Pyramiden, gaben der dortigen Wache etwas Geld und durften zwischen den Pyramiden im hellen Mondschein allein herumspazieren.

Am letzten Tag meines Einsatzes in Kairo lagen wir im Bett meines Hotelzimmers mit Blick auf den Nil und hörten, wie immer, Lieder der legendären ägyptischen Sängerin Um Kulthum. Vor allem das Lied:

> Ach, ach, ach, ach,
> Wehe, wie wir uns erstmals trafen,
> Dein Blick auf mich, eine schöne Qual.
> Meine Augen sprechen aus dem Schlaf der Nacht
> Und ich befrage meine Seele zu dir:
> Wird er sich vielleicht meines brennenden Herzens erbarmen?

Ich wollte abreisen und doch nicht. Auf Amal wollte und konnte ich mich nicht wirklich einlassen. Ohnehin war meine Tochter gerade mal 6 Monate alt. Amal nahm es mir übel und tut es ein wenig heute noch, denke ich.

Wir verschliefen den Abflugtermin und fuhren erst in den Morgenstunden zum Flughafen. Ich nahm die nächste Maschine, landete in Frankfurt und hörte nur noch arabische Lieder. Von da an wurden arabische Lieder Bestandteil meines Lebens.

Zuhause angekommen erzählte ich Pia was vorgefallen war. Sie war zwar verständnisvoll, ging jedoch nicht sonderlich darauf ein, was sich in mir bewegte. Ich hatte das Gefühl, ihr sei es egal, ob ich mich verliebe oder nicht.

Ich irre in einem menschenfernen Niemandsland umher. In der Weite am Firmament tanzt die Fatamorgana einer Umarmung, deren Wärme mein Auge berührt: ich sehe.

Familienfreundschaft

Mein Freund Joseph war inzwischen auch verheiratet und hatte ebenfalls zwei Kinder. Wir fuhren regelmäßig in Ferienhäuser und verbrachten auch gemeinsam die Familientage, wie z. B. die Weihnachtsfeiertage.

Ich war eigentlich für die Kinder zuständig. Tagsüber spielte ich mit ihnen und abends erzählte ich ihnen erfundene Geschichten. Eine handelte von meiner Fahrt auf einem Schiff, das dann gesunken ist, woraufhin ich auf einem Wal geritten bin und sicher zur Küste gebracht wurde. Besonders bei solchen »unglaublichen« Geschichten sind Kinderaugen wunderschön.

Wir besuchten uns gegenseitig und oft schrie mein Freund Joseph seine erzkatholische, mit vielen Schuldgefühlen beladene Frau an. Als ich Joseph einmal fragte, warum er sie geheiratet hatte, erwiderte er, man könne nicht auf einem Bein stehen. (War das nicht auch Heirat aus Zwang?)

Pia und ich hingegen hatten nicht einmal die Kraft mehr, uns anzuschreien.

Familienbesuch im Libanon und der Tod des Vaters

Wir besuchten meine Eltern in Beirut, und sie sahen zum ersten Mal meine kleine Familie. Mein Vater war krank, gab mir einen Zettel und bat mich, ihn immer bei mir zu tragen. Auf dem Zettel hatte er Sprüche aus Bibel, Thora und Koran gekritzelt, die Neid vertreiben und mich beschützen sollen. Den Zettel trage ich heute noch immer bei mir.

Wie immer maß er seine Kräfte mit mir. Ich gewann dieses Mal und war beunruhigt. Sechs Monate später starb er. Er war davor nicht mehr in der Lage aufzustehen und musste gepflegt werden. So wie ich ihn kenne, wollte er unter diesen Umständen nicht mehr leben und entschloss sich zu sterben.

Als mein Vater starb, war ich im Ausland und telefonisch nicht erreichbar. Nach Deutschland zurückgekehrt erhielt ich die Nachricht. Auf Betreiben meiner Mutter und der Verwandten war er längst beerdigt worden und heute weiß niemand genau, wo er begraben wurde.

Ich bat den Pfarrer in der Kirche unserer Gegend um einen Totengottesdienst, bei dem nur die kleine Familie anwesend war. Ich musste weinen. Mit seinem Wegsterben verblasste meine Erinnerung an die schöneren Momente meiner Kindheit.

Seit seinem Tod sehe ich ihn immer wieder vor meinem Geiste, wie er zu mir spricht oder wie er einfach geht. Sein einziger Verbündeter war ich und so halte ich ihn am Leben.

Die kleine Familie in Palästina

Ich hatte einen Auftrag in Palästina, die kleine Familie kam nach und wir verbrachten einige Tage in Jerusalem, am See Genezareth und waren auch in Haifa und Acre (arabisch: Akka).

Weihnachten feierten wir in Jerusalem. Im Keller vom »Hotel Palestine« befand sich ein Klavier. Mein Sohn klimperte darauf und wir sangen Weihnachtslieder … in Palästina.

Es war Silvester, als wir in Akka waren. Dort lernten wir Palästinenser kennen, die uns zu sich einluden. Wir saßen um Mitternacht auf den Mauern gegenüber dem Meer, tranken und feierten gemeinsam. Am Hafen von Akka sahen wir, wie Israelis und Palästinenser gemeinsam fischen gingen. Die Stadt nährte die Illusion von Frieden.

So etwas wie Liebe, aber ohne Eros

Das Leben in der kleinen Familie war von vielen schönen Glücksmomenten gekennzeichnet. Pia und ich teilten die Liebe zu unseren Kindern und wir beide waren unendlich glücklich über sie. Genau das verband uns. Solches Glück gemeinsam zu erleben, kann eben zur Verbundenheit führen. Und dies war auch bei uns der Fall. Es entwickelte sich so etwas wie Liebe, aber eben ohne Eros. Diese Art von Liebe ist nicht leicht zu beschreiben. Sie ist vermittelt über Drittes, aber das Dritte ist einem das Nächste im Leben. Eben die eigenen Kinder.

Aber auch die Feierlichkeiten mit der erweiterten Familie waren wunderschön. Auch hierdurch entstand so etwas wie Liebe, die aber auch vermittelt und nicht direkt zwischen uns entstand.

Ich war auf einer Auslandsreise, während der mich Anfälle extremer Ehrlichkeit überfielen. Ich schrieb meinem Freund Joseph einen Brief, in dem ich mich über seinen Umgang mit seiner Frau beklagte. Auch schrieb ich Pia von den Glücksmomenten mit ihr, dass ich die Auslandsreisen nicht mehr ertrage und dass es wirklich nett von ihr wäre, wenn sie auch zu unserem Unterhalt beitragen würde. Letzteres war auch insofern wichtig, da ich mich für eine Promotion angemeldet hatte.

Der Ehe-Eklat

Ich arbeitete in Jordanien, ging von dort nach Syrien und war dann in Beirut. Dort erschöpft angekommen gab es ein Erdbeben, von dem ich nachts in meinem Hotelzimmer in Panik aufwachte. Am nächsten Tag war ich zu einem großen Essen eingeladen. Beim Essen – ich glaube es war noch die Vorspeise – fiel ich in Ohnmacht und kam für eine Nacht ins Krankenhaus.

Ich verließ Beirut in einem desolaten Zustand und kam krank zuhause an. Es waren also keine optimalen Voraussetzungen auf meiner Seite gegeben, um einen Ehekonflikt halbwegs sinnvoll anzugehen. Aber zuhause erfuhr ich von Pia, ihr Gesangslehrer hätte ihr zugesichert, sie sei eine große Opernsängerin, ihr stehe eine großartige Karriere bevor und sie hätte auch mit ihm geschlafen. Hätte er mir die schöne Illusion einer Karriere als Saxophonisten gegeben, ich wäre wahrscheinlich auch mit ihm ins Bett gegangen! (das ist jetzt arg übertrieben).

Meine Frau und ich schliefen in dieser Nacht nicht, redeten unentwegt, bewegten uns dabei im Kreise und waren am Ende unserer Kräfte. Am nächsten Tag kam es zu einer hässlichen

Auseinandersetzung und sie verließ die Wohnung. Ich redete mit den beiden Kindern und sagte ihnen, dass wir von nun an zu dritt leben werden.

Dieses Mal bemerkte ich, dass es nicht primär die Eros-Werte waren, die verletzt wurden. Vielmehr wurde es mir bange um die Familie, eben um mein Zuhause. Auch sah ich die Gefahr, dass Pia mir die Kinder wegnimmt. Das wäre für mich die Katastrophe schlechthin gewesen. Vielleicht spielten die Eros-Werte Ehre und Würde für mich deshalb keine so große Bedeutung mehr, weil ich im Land der Kälte das Wertvollste gelernt habe, was ein Mensch haben kann: die Liebe.

Einige Tage später gab es einen »Kontakt« und Pia kam zurück. Wir lebten dann zwar in der Wohnung, jedoch getrennt. Das Eheleben wurde noch trauriger.

Ich hatte dann eine junge französische »Freundin«, um mich zu rächen. So tief kann man sinken. Auch bin ich für eine Woche zu ihr gezogen. Am Tag vor meiner Rückkehr in die Ehewohnung hatte ich einen Traum. In dem Traum war ich dabei, am Bein meiner Tochter zu nagen. Ich wachte auf, packte meine Sachen und kehrte zurück.

Wie so oft bei solchen Ehekonflikten spalteten sich die Freunde und meine sozialen Kontakte in unserer Stadt wurden noch weniger.

Doktor Nono

Die häusliche Frustration setzte in mir eine ungeheure Arbeitsenergie frei. Ich schrieb wie besessen an meiner Promotion, reichte die Arbeit ein und absolvierte das Rigorosum. An einem schönen Tag bekam ich den Namenszusatz Dr. phil.

Das ehemalige Straßenkind mit festem Wohnsitz, der Schulversager war auf einmal Doktor der Philosophie.

Bei der Überreichung der Promotionsurkunde war die kleine Familie dabei und meine Kinder schauten mich mit großen Augen an. Pia war stolz auf mich, obwohl ich damit nicht adlig und auch nicht zum »Freiherr von« wurde.

Freunde von mir organisierten eine Promotionsfeier in einem Restaurant. Pia war nicht dabei.

In den drei darauffolgenden Jahren wurde das Eheleben noch hässlicher. Ich arbeitete weiterhin in den Projekten, war häufig im Ausland und veröffentlichte viel.

Entwicklungshelfer Teil VI

In dieser Zeit war ich wie immer in Sachen Entwicklungszusammenarbeit in vielen Ländern tätig. Ich wurde auch bei Bildungsprojekten in Portugals Coimbra sowie in Vietnams Ho Chi Minh City eingesetzt.

Nach Coimbra begleitete mich meine Frau mit unserer Tochter. Ich arbeitete und sie bummelten durch die schöne Stadt.

Der Einsatz in Vietnam war seltsam. Wir sollten beim Aufbau einer Universität helfen, aber die einheimischen Dozenten, die allesamt in der DDR studiert hatten und folglich fließend Deutsch sprachen, waren nur ihren DDR-Stil der Gesprächsführung und Planung gewohnt. Der Anspruch, partizipativ vorzugehen, stieß auf Widerstand. Man wollte von uns eine Planung von oben. Von einer Entwicklungszusammenarbeit in diesem Projekt zu sprechen, wäre nicht richtig. Eigentlich haben wir alles mit einer »Elite« zusammengezurrt. Das sonstige Universitätspersonal musste einfach akzeptieren, was es vorgesetzt bekam.

Ich hatte eigentlich diese Art der Entwicklungszusammenarbeit sowie das Reisen satt und unterwegs wurde ich von quälenden Sehnsuchtsanfällen nach meinen Kindern überfallen, wie eben Novalis' Verse sagen:

Immer wächst und blüht Verlangen
Am Geliebten festzuhangen
…

Die Arbeit wurde langsam zur Qual und ich arbeitete die Aufträge nur noch ab.

Mein schwierigster Auftrag war, die Planungssitzung einer Gruppe von Frauenrechtlerinnen in der ägyptischen Stadt Ismailia zu moderieren. Zum einen war es von meinem Auftraggeber geradezu hirnrissig, einen Mann für die Moderation zu schicken und es war schlicht dumm von mir, den Auftrag anzunehmen. Denn den meisten Frauen war dies, aus nachvollziehbaren Gründen, nicht recht. Zum anderen verstand ich die »Spiele« der Teilnehmerinnen nicht. Sie intrigierten und ihre Aussagen enthielten verdeckte Botschaften, die ich so nicht entziffern konnte. Also wurde ich krank und konnte damit meine Unfähigkeit, die Sitzung zu moderieren, der Erkrankung zuschreiben. Ich beendete den Einsatz und fuhr frustriert nach Deutschland zurück. Ich war zum ersten Mal in meiner Moderationskarriere an einer Aufgabe ordentlich gescheitert.

Türk Hava Yollari, die türkische Fluggesellschaft, war mit einem Unfall in die Schlagzeilen gekommen. Man schickte mich mit einem Expertenteam in die Türkei, um die Qualität der Wartung zu verbessern. Ich war – wie immer – der Kulturvermittler. Meine Aufgabe bestand darin, darauf hinzuwirken, dass die Einheimischen die Hilfe akzeptieren. Dazu war es erforderlich, die Arroganz der deutschen Helfer zu bremsen.

Oft fragte ich mich, woher diese Arroganz kommt. Dabei war im Laufe der Zeit zu beobachten, wie das Land der Fußballweltmeister immer mehr die Eigenschaften eines Entwicklungslandes annahm. Die Schere zwischen arm und reich ging immer weiter auseinander und es bildete sich allmählich eine immer größer werdende Bevölkerungsgruppe, deren Mitglieder man, so der Titel eines Buches, »die Entbehrlichen« nennt. Auch mit dem Fußball klappte es nicht mehr so gut.

Professor aus gekränktem Ehrgeiz

Der Aufenthalt in der Türkei verlängerte sich. Ein Bildungsprojekt folgte. Einer der deutschen Experten war Professor und er wollte als Langzeitentsandter im Rahmen der Bildungshilfe für drei Jahre nach China. Er war nun eifrig dabei, eine geeignete Person zu finden, die bereit wäre, als Vertretungsprofessur seine Aufgaben zu übernehmen. Er schaute mich an wie jemand, der gerade die Erleuchtung aus dem Himmel empfängt und meinte, ich könnte doch die Vertretungsprofessur übernehmen.

Ohne zu zögern, sagte ich zu. Es war nicht nur die Vorstellung von einem Professorentitel, was mich geradezu beflügelte, sondern: Darin sah ich auch die Chance, mit dem Reisen aufzuhören, den Stress der Selbstständigkeit hinter mir zu lassen und endlich ein geregeltes Einkommen zu beziehen. Von Pia war da nichts zu erwarten. Sie war ja auf dem Weg in die Mailänder Skala, in Gedanken versteht sich.

Er versprach, mich bei Rückkehr nach Deutschland zu

kontaktieren. Es vergingen Wochen und er meldete sich nicht. Bei Recherchen erfuhr ich, dass die Vertretungsprofessur bereits besetzt worden war. Mein Ehrgeiz war gekränkt.

Es war auch diese Ehrgeiz-Kränkung, die mich dann dazu veranlasste, die »ZEIT« zu kaufen und die Professorenstellenanzeigen zu lesen. Es waren fünf Stellen ausgeschrieben. Ich schrieb die Bewerbungen und verwechselte dabei zwei von ihnen. Von drei Universitäten erhielt ich die Einladung zum Probevortrag. Die jeweiligen Themen wurden angegeben.

Vor dem ersten Probevortragstermin musste ich nach Argentinien. Meine Rückreise sollte eine Woche vor dem Termin erfolgen. Leider gab es einen Streik am dortigen Flughafen und so verlängerte sich mein Aufenthalt in Buenos Aires. Dort konnte ich an meinem Vortrag nicht schreiben. Zwei Tage vor dem Probevortragstermin flog ich zurück nach Deutschland und schrieb meinen Vortrag im Flugzeug.

Am übernächsten Morgen hielt ich den Vortrag und überstand die sinnlosen Gespräche mit den Fakultätsmitgliedern.

Weihnachten nahte und ich war mit meinem Sohn auf dem Fahrrad unterwegs zum Weihnachtsmarkt. Da erhielt ich den Anruf von einer der Universitäten, ich sei auf Platz 1 der Berufungsliste und ob ich bereit wäre, den Ruf anzunehmen. Ich sagte, ich könnte noch nicht zusagen und dass ich mich bald melden würde.

Es folgten dann die Probevorträge an den zwei anderen Universitäten und ich war bei beiden ebenfalls jeweils auf Platz 1 der Berufungslisten.

Ich musste mich für eine der Hochschulen entscheiden und habe es aus einer einfachen Überlegung heraus getan. Ich wählte diejenige, die näher zu unserem Wohnort war, da meine Kinder einen Umzug ablehnten. Also rief ich bei der ersten Universität an und sagte zu.

Ich wurde zum Professor der Philosophie ernannt und ein Jahr später wurde mir die Urkunde des Professors auf Lebenszeit überreicht. Man kann auch sagen: der Esel wurde zum Professor.

Ich wurde Beamter. Schade. Preußischer Beamte würde sich viel besser anhören!

Zur Hochschule trug ich aber nun nicht einen Schlafanzug. Anfangs war ich immer ordentlich angezogen und fuhr sogar einen Mercedes. Aber mit der Zeit verzichtete ich auf die Kleiderordnung und gab mich mit einem Kleinwagen zufrieden.

Und wenn eine Klausur nicht bestanden wurde, sagte ich der betreffenden Person als Trost »Man steckt ja nicht drin«. Und siehe da: es beruhigte die Unglücksleidenden.

Es ist wie ein Märchen und doch wahr. Die Freunde meines Bruders in Beirut hatten mich ja mit dem Zuruf »Professor« verhöhnt. Nun war ich Professor.

Ich hatte dann als Professor meine erste Freundin. Der Sex wurde damit aber nicht professoral. Wie auch!

Ich ging immer nachts zu ihr, wenn die Kinder schliefen und kam in den Morgenstunden zurück nach Hause. Pia bekam es sicherlich mit, sagte aber nichts.

Ende vor dem Ende

Nach einem kurzen Urlaub mit Freunden und meinen zwei Kindern kamen wir zurück in die Wohnung und sie war so gut wie leer. Pia war zu einer Freundin gezogen und hatte fast alles mitgenommen. Wir sprachen zu dritt darüber und beschlossen, am selben Tag, Möbel zu kaufen.

Wir wohnten noch eine Weile zu dritt und es war sehr schön, bis auf die Momente, in denen mich das Gefühl des gescheiterten Lebens überkam. Die Traurigkeit der Kinder war nicht zu übersehen.

Meine Tochter wurde älter und zog zu ihrer Mutter. Mein Sohn blieb eine Weile bei mir und ging dann in eine andere Stadt, um Musiker zu werden.

Ich wurde also Professor, war getrennt und danach geschieden, jedoch ohne Haus und Hund, machte sogar ab und an Urlaub, wenn auch wider Willen, schaute aber nicht samstags die Sportschau, das brachte ich nicht übers Herz.

Pia absolvierte die Logopädieschule und wurde Logopädin. Sie hat ihr Ziel also knapp verfehlt. Die Prophezeiung ihres Gesangslehrers ist leider nicht ganz in Erfüllung gegangen. So ist es manchmal mit den Prophezeiungen. Sagen sie Gutes voraus, so sind sie nur solange schön, solange sie Aussicht auf Verwirklichung haben.

Lange nach unserer Trennung hat sich Pia bei mir entschuldigt. Sie meinte, sie habe damals gesponnen. Ich dachte: es ist nicht nur so, dass du gesponnen hast. Dein Gefühl hat dich nicht getrügt. Ich war es, der herzlos einen Menschen aus Heimatlosigkeit heiratete. Sie aber sagte, dass sie mich liebt. Wie dieses Lieben näher zu bestimmen ist, weiß ich nicht. Jedenfalls war es mit der gescheiterten Ehe wie in einer griechischen Tragödie: Keiner ist schuld und jeder hat plausible Gründe für sein Handeln, das aber genau dem Handeln des Anderen vernichtend entgegenwirkt. Ich hatte Gründe, sie auf meine Art nicht zu lieben und sie hatte ihre Gründe, mich auf ihre Art zu lieben. Sie wollte eine große Sängerin werden, ich hingegen war des Geldverdienens auf Reisen satt und wollte, dass sie zum Unterhalt beiträgt. Ich war in der Regel gut gelaunt und glücklich über meine beruflichen Erfolge, sie aber war unglücklich und träumte von einem anderen Leben. Das wiederum bezog ich auf mich und dachte, ich sei der Grund ihres Unglücks.

Suche mich im Eswar und im Nochnicht doch nie im Jetzt.

Was suche ich wo soll ich suchen womit finden woher weiß ich ob ich gefunden habe.

In der Nähe mit dir liegt meine Ferne.

Wir sind Schiffbrüchige und wärmen unsere Haut aneinander.

Jede Wunde die wir uns zugefügt haben verdient es immer wieder geöffnet zu werden.

Das Auge sieht nur Gründe und Hintergründe. Es umkreist und beschaut sich.

Du bist quälende Sehnsucht für mich.

Bleib mir fern.

Kälte im Kälteland

Bereits Ende der neunziger Jahre des letzten Jahrhunderts wurde in meiner Wahrnehmung die soziale Rehabilitierung des Wettbewerbs in der Gesellschaft stark forciert. Dass diese Entwicklung bereits viel früher angefangen hat, ist mir bekannt.

Dem Einzelnen solle mehr zugemutet werden, im Guten wie im Schlechten. Es gilt uneingeschränkt das Prinzip: erst kommt das Geld, dann das Leben.

Auch gab es weltweit immer mehr Privatisierungen und Firmenzusammenschlüsse. Die Preise stiegen und diejenigen, die knapp bei Kasse waren, konnten nicht lange »abhartzen«, da sie sich auf zeitraubende Schnäppchensuche begeben mussten.

Es bildete sich auch die Schicht der »Cleverlis«, der Schnäppchenjäger. Schnäppchen stiften Sinn. Willkommen im Land der Dichter und Denker.

Die kleinen Einzelhandelsgeschäfte verschwanden langsam. Es entstanden immer mehr Geschäfte mit großer Anonymität und die Straßen wurden löchriger. In den Supermärkten wurden die Waren auf einmal anders angeordnet als in den kleinen Einzelhandelsgeschäften. Man hat eine Wissenschaft daraus gemacht, Menschen noch stärker zum Kauf von Produkten aller Art zu animieren. »Wissenschaft« ist allerdings zu viel gesagt. Es geht dabei vielmehr um eine pseudo-Verwissenschaftlichung von Banalitäten.

Als ich einmal beim Einkaufen in einer Supermarktkette war, schrie eine alte Dame mit kurzen Hosen und verwahrlostem Äußeren: »Das Land geht den Bach runter, aber vor den Kassen gibt es Einkaufsschlangen. Da stimmt doch etwas nicht.« Daraufhin erwiderte eine Person lehrerhaft: »Sie sind doch auch in der Einkaufsschlange.« Die alte Dame antwortete: »Halts Maul, du Arschloch!« Ich empfand eine unglaubliche Argumentationskraft in diesem Halbsatz!

Soll ich jetzt noch auf die Kälte eingehen, die auf der sozialen Müllhalde »Facebook« verbreitet wird? Nein, lieber nicht.

Abgesehen von der Verflachhochschulung der Universitäten im Zuge des Bolognaprozesses, bringt man nun an den Hochschulen jungen Menschen in einem absurden, nahezu theorielosen Studiengang, genannt Betriebswirtschaft (BWL), bei, wie man seinen Gewinn maximieren und den Anderen das Geld aus der Tasche ziehen kann. In Vorlesungen über Wirtschaftspsychologie wird erklärt, wie man einem älteren Menschen ein schlechtes Gewissen verursacht und ihn so zum Kauf bewegt. Gewieftes Marketing zielt darauf ab, Menschen zu manipulieren.

Hemmungslose Gier ist das Leitprinzip. Vorlesungen mit dem Titel »Ethik« wurden zwar eingeführt, jedoch wird zu 99-Prozent gelehrt, wie man andere abzockt. Wie soll da eine Vorlesung so etwas wie Haltungsänderung bewirken? Aristoteles, der viel über die Schwierigkeiten schrieb, Haltungen zu verändern, würde sich beim Anblick der BWL-Curricula im Grabe umdrehen.

Heutzutage werden Studenten als Kunden bezeichnet. Wenn sie sich immatrikulieren, kommt also eine Art von Geschäftsvertrag zustande! Folglich ist originäres Erkenntnisinteresse auf Seiten der Studenten selten anzutreffen. Es gilt, das Geschäft erfolgreich – also mit einer guten Note und innerhalb der Regelstudienzeit – abzuschließen. Und zwar schnell. Das ist also Bildung, ein Geschäft. Magnifique!

Es wird kalt im Land der Kälte.

Eine Rede an Heinz Holzkopf

Langsam fing man hierzulande auch an, zwischen Einheimischen und Nichteinheimischen anhand eines neuen Merkmals zu unterscheiden. Der Begriff »Person mit Migrationshintergrund« tauchte auf, der sich für viele wie eine unheilbare ansteckende Krankheit anhört. Man merkt es zwar den meisten Personen mit Migrationshintergrund an der Sprache nicht an, dass sie diese Krankheit in sich tragen. Meldet man sich aber mit fremdartigem Namen irgendwo an, wird man sofort nach diesem Merkmal kategorisiert. Der anonyme Kategorisator Heinz Holzkopf schlägt dann zu.

Eigentlich müsste man Heinz Holzkopf immer wieder auf den Kopf zusagen, dass man eine Person, die an der unheilbaren, ansteckenden Krankheit »Person mit Migrationshintergrund« leidet, eher abstößt, wenn man sie, wie Roland Barthes so schön sagt, qua Person zum Spectaculum macht.

Holzkopf fährt im Urlaub auf die Insel Djerba, in dem Glauben, das völlig Andere, geradezu das Gegenprogramm zu sich selbst, kennenzulernen, hockt dort am Strand in den Fleischbergen der Touristen, findet die Tunesier liebenswert aber rückständig, kommt zurück nach Hause und macht sich lustig über jeden Tunesier, den er trifft.

Sogar wenn man den deutschen Herbst dem italienischen Sommer vorzieht, bleibt Heinz Holzkopf bei seiner Kategorisierung. Er ist unglaublich beständig in seinen Urteilen und er wird immer seinen Lieblingssatz sagen: »Sie sprechen aber gut Deutsch.« Aufhören damit wird er nicht, es sei denn, dieser Satz würde per Gesetz verboten oder alle, die ihn von Heinz Holzkopf zu hören bekommen, antworten mit ohrenbetäubender Lautstärke gleichzeitig im Chor: »Sie sind ja gar kein Nazi!« Vielleicht hört er dann damit auf.

Holzkopf wartet allerdings mit einem anderen tiefsinnigen Satz auf: »Von nix kommt nix.«

Herr Holzkopf kennt wohl auch den Zustand des Schwebens nicht und auch nicht das ständige Missen des Meeres. Man müsste ihm immer wieder sagen, dass es viele, unendlich viele Menschen gibt, die ständig in Bewegung sind. Jeder von ihnen ist gleich einem Vogel, der immer wieder den Boden berührt und im nächsten Augenblick in einem Zwischenraum schwebt. Dabei können die Zeiten der Bodenberührung und des Schwebens jeweils eine längere Zeit dauern.

»Herr Holzkopf, man muss nicht unbedingt mehr verlangen. In dem Aufenthaltsraum des »Zwischen«, in dem man schwebt, leben viele Menschen, unendlich viele Menschen, auch solche ohne Migrationshintergrund. Daran ist nichts

Anrüchiges und es ist mitunter schön. Nur, ohne Sie würde man das Zwischen viel schöner finden.«

Kälte und Wärme weltweit

Auf meinen Reisen in die arabischen Länder zwischen den Jahren 1990 und 2000 musste ich einen gravierenden Wandel feststellen. Die Schere zwischen arm und reich ging noch weiter auseinander und es bildeten sich extrem reiche Schichten, die Politik, Wirtschaft und Recht bestimmten. Zu vielen Lokalen Kairos haben »normale« Ägypter keinen Zutritt. Sie bleiben draußen und beobachten, wie ihre reichen Mitbürger mit den »besseren« Ausländern (also denen aus den Industrienationen) feiern dürfen.

Privatisierungen wurden forciert, und die Verlierer waren natürlich die Analphabeten aus den armen Schichten. Viele von ihnen wurden im Rahmen der Privatisierungen als erstes entlassen.

In Anbetracht steigender Lebensmittelpreise wurde der Kampf ums Überleben härter und die Menschen verloren viel an gemeinschaftlicher Lebensfreude. Die Zahl arbeitsloser Jugendlicher, die ohnehin in allen arabischen Ländern über 50% der Bevölkerung beträgt, nahm und nimmt immer mehr zu.

Bedingt u. a. durch diese neuen Verhältnisse nahmen religiöse Rituale überhand. Dass die Rituale auch andere Funktionen als die des Religiösen haben, liegt auf der Hand. Heutzutage drückt die Verschleierung vielerorts auch eine ablehnende Haltung gegenüber einer als westlich wahrgenommenen Lebensweise aus. Dem liegt eine diffuse Vorstellung vom Westlichen zugrunde. Oder die Verschleierung dient als Symbol des

Frauseins oder der Zugehörigkeit zur eigenen Kultur. Mitunter ist die Verschleierung ein Schutzschild, zumindest in der Wahrnehmung der Verschleierten.

Und doch, diese Funktionsmutation der Rituale darf nicht dazu verleiten, die Rolle der Religion im Leben vieler Menschen zu unterschätzen.

Allein das Taxifahren in Kairo, auch noch Anfang der neunziger Jahre des letzten Jahrhunderts, war mit Freude erfüllt. Man hörte Um Kulthum, sang dabei mit und schaute den liebenden Paaren aus dem Taxifenster zu, wie sie am Nil spazieren gingen. Heute hört man in den Taxis überwiegend Koranverse und die liebenden Paare sind weitgehend verschwunden. So zumindest in meiner Wahrnehmung.

Dass kein Missverständnis aufkommt: dies ist gewiss kein spezifisch muslimisches Phänomen. Gläubige Christen, Juden und Muslime können durchaus eines gemeinsam haben, nämlich dass kein Tag im Leben der Lust geweiht bleibe. Armer Hölderlin …

Im Falle Ägyptens ruft diese Lustaversion von Gläubigen bei bestimmten Bevölkerungsruppen extreme Trotzreaktionen hervor. Man feiert dann umso intensiver in Nachtlokalen und trägt Fleischliches mehr zur Schau, als man es »normalerweise« tun würde.

Nur am Rande sei angemerkt: Ob die jüngsten Revolutionen in einigen arabischen Staaten Veränderungen in der Rolle der Religion mit sich bringen und welche diese sein werden, vermag heute niemand ernsthaft zu beurteilen. Jedenfalls ist es für die »Lustophilen« erschreckend zu sehen, wie die Religion das Leben der Menschen in den arabischen Ländern immer mehr zuschnürt.

Unendlich traurig bin ich darüber, dass ich heute meinem Vater nicht von der weltweiten Kälte berichten kann. Ich würde ihm sagen, dass es Kälte und Kälte gibt und dass sein Ausdruck »Land der Kälte« kein Land meinen müsste, sondern ein Ungeheuer, das die gesamte Erde bewohnt und überall immer wieder die Oberhand gewinnt. Ich würde ihm sagen, dass dieses Ungeheuer nicht nur in dem Land zu finden ist, in dem ich die Liebe fand. Ich würde ihm sagen, dass eine Verhartzung der Liebe um sich greift.

Immerhin aber stellte ich auf meinen Reisen fest, dass »Aib« (das, was man nicht macht) nicht nur in bestimmten Gesellschaftsgruppen der arabischen Länder verstärkt zu finden ist. Verbreitet ist das Phänomen in vielen Ländern Afrikas und Lateinamerikas. Auch bilde ich mir ein, dass »Aib« in den arabischen Ländern eben nicht mehr so allgegenwärtig ist wie es in meiner Kindheit war. Vielleicht schwindet ja allmählich zumindest die Zentralstellung der Tabuisierung durch »Aib«. Im Übrigen muss man sich immer wieder daran erinnern, welche Rolle die Ehre in den Gesellschaften Europas gespielt hat und heute noch spielt. So ganz ohne »Aib« kommt wohl keine Gesellschaft aus.

Nine eleven

Als die Twin Towers einstürzten, war mein Sohn vor dem Fernseher und er rief uns herbei. Wir schauten uns die Fernsehbilder ungläubig an und waren sprachlos, so wie viele andere auch an diesem schwarzen Tag.

Es dauerte nicht lange bis den politischen Drohungen und Erklärungen militärische Taten folgten. George W. Bush spaltete die Welt in die Koalition der Willigen auf der einen und der Feinde auf der anderen Seite (»Either you´re with us or you´re against us«) und er rief die militärische Aktion »Enduring Freedom« aus. Bomben fielen auf Kabul und später auf Baghdad. Auch Deutschland bekannte sich zur Koalition der Willigen. Der damalige Verteidigungsminister Struck meinte ernsthaft, unsere Sicherheit und Freiheit werden am Hindukusch verteidigt und leitete damit die Entsendung deutscher Soldaten nach Afghanistan ein.

Was dann in Afghanistan und später auch im dritten Golfkrieg und im Libanonkrieg Israels gegen die Hisbollah im Jahre 2006 geschah, machte erstens den Begriff der Kollateralschäden hoffähig und offenbarte zweitens eindringlich eine groteske Asymmetrie in der Bedeutung von Verlusten an Menschenleben, was übrigens schon lange davor in den zahlreichen Nahostkriegen zu beobachten war.

Zum einen drang die Idee immer mehr ins öffentliche Bewusstsein, dass Kollateralschäden »einfach dazu gehören«. Das Sterben von Zivilisten in Kriegen wurde zur Normalität erklärt. Donald Rumsfeld hat dies mehrfach ausgedrückt.

Zum anderen: Starb ein Amerikaner, ein Israeli oder ein Deutscher, so starben im Gegenzug mindestens 50 Afghanen oder Iraker oder Libanesen oder Palästinenser. Das Asymmetrie-Verhältnis erreichte manchmal die Zahl 1:100, so z. B. im dritten Golfkrieg gegen Saddam Hussein. Einer ähnlichen, menschenverachtenden Logik haben sich die Selbstmordattentäter bedient und andere Selbstmordattentäter tun es immer noch. Je mehr »Gegner« beim Attentat mit dem Selbstmörder sterben, desto besser, lautet die Losung.

Natürlich war ich entsetzt über die Anschläge vom 11. September 2001 und mich erfasste eine tiefe Trauer über die menschlichen Verluste. Die Frage drängte sich aber auf, ob der Wert des Lebens eines Menschen nicht doch, je nach Nationalität des Menschen, variiert. Vermutlich ist es Pietät, die uns daran hindert, eine Art »Life Value Index« (eine »schöne« Abkürzung dafür wäre LVI) für die verschiedenen Nationalitäten im Vergleich zueinander zu bilden. Ein solcher LVI wäre nicht leicht zu bilden, zumal die Werte sich je nach Gegnern unterscheiden müssten. Stolz waren die Verbrecher der Al-Qaida und deren Sympathisanten nach den Anschlägen vom 11. September 2001 darauf, dass man nun den Index verändern konnte. Darauf verwiesen viele Mitteilungen im Internet (ohne freilich diesen Begriff zu verwenden).

Es war natürlich glasklar, dass das Attentat vom 11. September aufs Schärfste zu verurteilen war. Meine Ambivalenz rührte jedoch daher, dass ich auf eine Unterscheidung zwischen Verlusten in den »eigenen« Reihen auf der einen und Verlusten bei den »Feinden« auf der anderen Seite stieß. Da war es mir nicht mehr glasklar, zu wem ich nun gehöre.

Wieso hat »Die Zeit« nach den Anschlägen in den USA das Gedicht von Else Lasker-Schüler abgedruckt »Es ist ein Weinen in der Welt, Als ob der liebe Gott gestorben wär …« und nicht nach dem Bekanntwerden der verheerenden menschlichen Verluste bei dem Massaker an unbewaffneten palästinensischen Kindern, Frauen und älteren Männern in den Lagern von Sabra und Schatila oder nach den zahlreichen Angriffen der israelischen Armee auf die Westbank und auf den Gazastreifen? Wer waren wir und wer sind die anderen?

Im Übrigen:

Zwischen dem 16. und dem 18.09.1982 stürmten christliche Falange-Milizen die zwei Flüchtlingslager in Beirut, die von israelischen Soldaten umzingelt waren, und schlachteten über 2000 Zivilisten ab. Die israelische Armee, damals unter der Führung von Ariel Sharon, leistete Hilfe, indem sie den Milizen den Zutritt erlaubte und sie mit Chemikalien zur Vernichtung der Leichen versorgte.

Auf welcher Seite bin ich denn, wenn ich Wut und Verzweiflung gegen den übermächtigen Staat Israel verspüre, über die Diskriminierungen, Demütigungen und die menschenverachtenden Verhöre von Menschen mit arabischen Namen am Flughafen von Tel Aviv, über die illegalen Siedlungen in Ostjerusalem und auf der Westbank oder über die menschenverachtende Mauer?

Die Mauer wurde im Jahre 2003 während der zweiten Amtszeit von Ariel Sharon, dem Schlächter von Sabra und Schatila, begonnen und sie hat inzwischen eine Länge von fast 800 Km erreicht. Nach der offiziellen Version Israels soll sie dazu dienen, Selbstmordanschläge zu verhindern. Inzwischen aber dient sie der Zementierung des Landraubs und der weiteren Vertreibung von Palästinensern. Zum Teil geht die Mauer durch Dörfer hindurch und trennt die Menschen voneinander. Ähnlichkeiten mit der Berliner Mauer sind unübersehbar.

Bin ich dann noch im Kreise der Koalition der Willigen, wenn ich eine angemessene Wiedergutmachung für das Unglück meiner Eltern und der zahlreichen palästinensischen Flüchtlinge, gerade in den Elendslagern, für erforderlich halte?

Auf welcher Seite befindet man sich, wenn man die Anschläge auf Zivilisten in Israel verurteilt? Dabei empfinde ich ebenso Mitleid und Wut wie bei den Anschlägen der israelischen Soldaten auf Zivilisten in Gaza und auf der Westbank.

Gegen wen ist man, wenn einem beim Anblick palästinensischer Kinder in den Lagern Gazas oder Libanons, die keine Chance haben dem Elend zu entfliehen, Wut und Trauer verspürt?

Ist man noch bei den »Willigen«, wenn man die Frage stellt, was mit den palästinensischen Flüchtlingen geschehen soll, vor allem mit den 1,4 Mio. Menschen, die in den 59 Lagern des Libanons, Jordaniens, Syriens etc. dahin vegetieren? In den arabischen Ländern will sie keiner haben. Also wohin mit ihnen? Oder haben sie etwa im Vergleich zu US-Amerikanern und Europäern einen viel zu geringen LVI, so dass man sie schlicht »vernachlässigen« kann?

Der Palästinenser Ismail Khatib aus Jenin auf dem Westjordanland hat die abscheuliche Logik der Trennung zwischen dem Wert des menschlichen Lebens je nach Zugehörigkeit im Jahre 2005 gesprengt. Er schenkte die Organe seines von israelischen Soldaten erschossenen 11-jährigen Sohnes einem israelischen Kind.

Sowohl die Palästinenser als auch die Israelis haben aus Khatibs Tat leider nichts gelernt. Im Gegenteil. In Israel regieren immer noch die Betonköpfe, flankiert von Ultraorthodoxen in der Knesset, und in Gaza gewinnen religiöse Fanatiker immer mehr an Boden. Das Ergebnis zeigen die sogenannten Friedensverhandlungen, bei denen beide Seiten in der Vergangenheit Fehler begangen haben. Diese Verhandlungen sind längst zu einer Farce mutiert. Im Kern geht es nur noch darum, die Palästinenser zu noch mehr Geständnissen zu zwingen. Ein wesentliches Geständnis dabei ist der Verzicht auf die Frage nach dem Schicksal der palästinensischen Flüchtlinge. Es ist in Israel längst beschlossene Sache, dass die Palästinenser darauf zu verzichten haben.

Ende

Zweimal nach der Trennung besuchte ich meine Eltern in Beirut in Begleitung meiner nun erwachsenen Kinder. Diese zwei Besuche haben sehr viel verändert.

Meine Familie nahm uns wie selbstverständlich auf. Die Liebe und Wärme, mit denen sie uns empfingen, war überwältigend.

Auch mein Bruder kam zum ersten Mal – widerwillig – mit. Er lebt seit mehreren Jahren in den USA und hat grausame Träume in Beirut. Auch nach seiner Rückkehr in die USA hat er diese Träume, in denen es immer um Mord geht. Er will nicht Arabisch sprechen, hat Kaugummi im Mund, zieht Jeans und Turnschuhe an und sagt immer wieder, wie sehr er die Sprache und die Menschen im Libanon hasst. Beschimpfungen und Floskeln dieser Art hört man unentwegt von ihm.

Wir wohnten alle zusammen bei meiner jüngsten Schwester und ihrem Mann. Die Wohnung liegt in einem christlichen Gebiet und immer, wenn ich auf ihrem Balkon laut sprach, bat mich meine Schwester, nicht zu laut zu sein. Die Nachbarn könnten ja mitbekommen, dass wir Palästinenser sind. Und vor allem sollte ich bloß nicht laut »Tomate« sagen. Wie gesagt, an der Aussprache erkennt man einen Palästinenser. Beiruts Wohngebiete sind ja de facto mehr oder minder nach Religionszugehörigkeit bzw. nach konfessioneller Zugehörigkeit geteilt.

Meine jüngere Schwester, die seit einigen Jahren bei einer Fluggesellschaft arbeitet (das darf sie mittels des durch Heirat erworbenen libanesischen Passes), hat sich den libanesischen Dialekt angeeignet. Dies ist bei meinen Nichten und Neffen ebenso der Fall. Auch stellte ich bei ihnen keinerlei Bezug zu Palästina fest. Sie fühlen sich als Libanesen und finden es irgendwie schrullig, dass ich einen breiten palästinensischen Dialekt spreche.

Die älteste Schwester ist längst verwitwet und wird von ihrem ältesten Sohn, der als Programmierer in Dubai arbeitet, mit Geld versorgt. Meine mittlere – schön verträumte – Schwester lebt bei ihrem eifersüchtigen Mann und wird ebenfalls von ihrem ältesten Sohn, der wie mein Bruder in einem für mich undurchschaubaren Business arbeitet (Banken, Software und ähnliches), mit Geld versorgt.

Während des ersten Besuchs wollte mein Sohn, dass ich mit ihm in die Lager Sabra und Schatila gehe. Das taten wir, und auch ohne mein Taschenmesser fühlte ich mich sicher. Mein Sohn sah Menschen, die auf und neben den Müllbergen leben. Mir war es nicht neu. Nach 15 Minuten mussten wir umdrehen. Es war nicht nur der Gestank. Wir empfanden Scham dafür, dass die Welt die Menschen so leben lässt. Was Weltzivilisation ist, wird in Sabra und Schatila zumindest fragwürdig.

Meine Tochter meinte nach unserem zweiten Besuch im Libanon, ich sei ja völlig anders als all die anderen dort und sie stellte mir die Frage, was wohl aus mir geworden wäre, hätte ich damals kein Stipendium nach Deutschland bekommen und dort noch leben würde. Ich antwortete zu schnell: Ich hätte mir das Leben genommen oder ich wäre im Bürgerkrieg umgekommen. Das war zu schnell und zu dramatisch. Vielleicht wäre ich auch ganz einfach Klima- und Kältetechniker in Beirut geworden. Wer weiß.

Durch meine Kinder habe ich die Aufenthalte dort gut ertragen können. Ja, ich habe mich beim zweiten Mal sogar darauf gefreut, dort zu sein.

Weit wichtiger aber war, dass meine Tochter und mein Sohn mich dadurch besser verstanden und ich mich wiederum durch sie besser verstand. Wir sprachen viel. Das hat geholfen. Wer redet, ist nicht tot (G. Benn).

Es steht aber noch Vieles aus, um wirklich anzukommen in der Welt.

Was nach den Besuchen blieb, ist das peinigende Gefühl, meine Geschwister – vor allem meine mittlere Schwester – und meine Mutter mit ihrem verpfuschten Leben alleine und die Menschen in den Lagern im Stich gelassen zu haben.

Meine Mutter schaut oft ins Leere und wenn ich sie frage, woran sie gerade denkt, antwortet sie, sie denke daran, wie schön das Leben hätte sein können, wären wir nur in Palästina geblieben. Ich bringe es nicht übers Herz, ihr zu erzählen, dass die Israelis in den sogenannten Friedensverhandlungen die Frage längst ausgeklammert haben, was mit den palästinensischen Flüchtlingen geschehen soll.

Theodor Herzl schrieb noch im Judenstaat von 1896: »Wenn Seine Majestät der Sultan uns Palästina gäbe, könnten wir uns dafür anheischig machen, die Finanzen der Türkei gänzlich zu regeln. Für Europa würden wir dort ein Stück des Walles gegen Asien bilden, wir würden den Vorpostendienst der Kultur gegen die Barbarei besorgen. Wir würden als neutraler Staat im Zusammenhange bleiben mit ganz Europa, das unsere Existenz garantieren müßte«. Letzteres hat sich bewahrheitet. Nicht nur Europa sondern auch die USA garantieren das Existenzrecht Israels. »Unsere« Freiheit wird also nicht nur am Hindukusch verteidigt. Wie seltsam.

Schaut man sich die Geschichte der Entstehung des Staates Israel genauer an und auch wie Araber im heutigen Israel behandelt werden, würde jeder unweigerlich zu dem Schluss kommen, dass Herzl Unrecht hatte. Die Barbarei herrscht in Israel und ein bis an die Zähne, (auch atomar) bewaffneter aggressiver Staat ist entstanden, der sich weigert, seine Atomwaffenarsenale gegenüber der Atomaufsichtsbehörde (IAEA) offenzulegen. Von einem neutralen Staat kann keine Rede sein. Wie gut für Herzl, dass er dies nicht miterleben musste. Vielleicht hätte er dann das Argentinien-Projekt neu ausgepackt. Oder er hätte sich streng gläubigen Juden angeschlossen, die der Überzeugung sind, dass Israel erst mit der Wiederkehr des Messias gegründet wird. In einem Godot-Warten auf den kommenden Gott erstarrt weigern sie sich, den jetzigen Staat anzuerkennen.

Meine Mutter wird – wie schon mein Vater – mit ihrer Sehnsucht nach Palästina sterben. Beide haben mir Ihre Sehnsucht nicht in der Form, wie sie sie hatten bzw. haben, vererben können. Meine ist eher diffus. Die diffuse Sehnsucht zu verstehen, steht noch aus, wie Vieles andere auch, so z. B. das ständige Missen des Meeres.

Meine Kinder haben durch die Besuche eine Ahnung davon bekommen, was es bedeutet, ein palästinensischer Flüchtling zu sein. Ob sie dann auch meine kaum fassbare Sehnsucht auf ihre Art erben werden, weiß ich nicht.

Wer ist Nono?

Ich lebe und liebe gerne. Mir geht es nicht darum, das Glück zu finden, das Glück wird mich schon finden. Das heißt nicht, dass ich nichts dafür tue, aber ich begebe mich mit Gelassenheit dem Leben hin, im Vertrauen darauf, dass mich das Glück findet.

Ja ich liebe das Leben, schwanke ständig hin und her zwischen Oberflächlichkeit und Tiefsinn, bin grundsätzlich heiter und habe Freude am Leben vor allem im Beisein anderer

Menschen. Wenn gefeiert wird, feiere ich das Leben und mein Aufwachen in der Welt. Um etwas zustande zu bringen, benötige ich auch heute noch die Gewissheit, dass es einen Menschen gibt, der mich liebt und unterstützt.

Und wie ich mit Geld umgehe: Ich lege keinen großen Wert darauf. Ich habe keine Angst davor, ohne Geld dazustehen.

Es ist immer wieder erschreckend festzustellen, wie nah ich in Tagesfantasien an der Gewalt bin. Nicht dass ich jemanden umbringe. Es ist das Schlagen. Vielleicht ist es eine Sehnsucht nach der alten Sprache. Sie war einfach und nicht hinterfragbar. Jetzt ist meine Sprache immer hinterfragbar. Nach dem Satz von Beckett: Alles was ich sage, hebt sich auf, ich werde nichts gesagt haben.

Anders ist es mit der Gewalt. Sie hebt sich nicht auf.

Die Frage ist in jederlei Hinsicht existenziell: wie drücke ich mich aus? Und es ist immer wieder faszinierend, neue Formen der Mitteilung und damit Neues in der Welt zu entdecken. Das ist sicherlich ein wesentlicher Grund dafür, warum ich sehr gerne mit Musikern, Tänzern oder Malern zusammen bin. Das Leben in Sprachen ist ja wie eine Expedition und es ist eigentlich schon seltsam, dass manches sich durch Musik oder Malerei »sagen« lässt, aber nicht durch die geschriebene Sprache. Eine adäquate Übersetzung ist vermutlich streng genommen gar nicht möglich. Oft ist es nur noch peinlich, wenn Musikkritiker versuchen, Musik durch die geschriebene Sprache zu erklären. Deren Geschäft ist überwiegend die Produktion misslungener Übersetzungen. Nur selten gelingt es, Form und Inhalt »auf den Punkt zu bringen«.

Ich führe Gespräche mit mir. Mein Gott, was für ein Glück. Ich kann mit MIR reden und denke oft dabei an den Satz Antonios aus Goethes Torquato Tasso, dass der Mensch sich nicht inwendig kennenlernen kann. Immerhin habe ich in der

Gewaltsprache kein Gespräch mit mir gesucht, sondern mit anderen. Anderen habe ich Gewalt angetan.

Was ist mein Zuhause? Ich kenne davon viele Formen. Die eine ist die deutsche Sprache. In dieser Sprache bin ich zuhause. Es ist also ein In-Sein. Darin bewege ich mich wie selbstverständlich und kann MICH ausdrücken. Das, was mir lieb und teuer ist, kann ich – zumindest prinzipiell – sagen. Eine andere Form stellt sich ein, wenn ich real oder in Gedanken und Gefühlen bei meinen Kindern oder bei engen Freunden bin. Das Zuhause-Sein ist also mal ein In-Sein und ein anderes Mal ein Mit-Sein.

Bis auf diese zwei Formen ist das Gefühl, zuhause zu sein, eher äußerlich, was aber die Bedeutung nicht mindert. So ist es z. B. bei der Rückkehr von einer langen Reise. Das Gewohnte als In-Sein ist das Zuhause mit all den bekannten, geliebten und ungeliebten Dingen, Bildern, Gerüchen etc., die man so nicht ständig wahrnimmt. Auch das, was am Gewohnten unerträglich ist, gehört dazu.

Und was die Sprache anbelangt: Wie armselig ist es, wenn Menschen ihre Begeisterung über unterschiedliche Dinge mit ein und demselben Wort ausdrücken: »Toll«, »super« oder noch schlimmer »geil«. Denkt man sich noch den Tonfall dazu, ist ein verheerender Wutanfall beim Vernehmen dieses sinnfreien Geredes nicht unwahrscheinlich. Dass Menschen die Sprache abhanden kommt, wird dadurch verstärkt, dass Vorlesungen und Seminare an den Hochschulen in vielen geisteswissenschaftlichen Studiengängen in englischer Sprache stattfinden, die weder die Dozenten noch die Studenten muttersprachlich beherrschen. Am Ende kommen ein Küchenenglisch und ein Küchendeutsch zustande. Das Sprechen im wahrsten Sinne des Wortes geht verloren. Im Lichte dessen müsste eigentlich neu überdacht werden, was Analphabetismus heißt. (Das ist natürlich auch elitär gedacht …)

Ich mache meine Arbeit, gehe oft ins Theater, lese viel, höre Musik (natürlich auch arabische Musik), schaue mir immer wieder ganz einfache Filme im Kino und hin und wieder Boxkämpfe an. Auch habe ich selbst einen Box-Sack, auf den ich gelegentlich haue. Dabei träume ich davon, meinen damaligen Mathematiklehrer im Ring zu schlagen. Nicht durch technischen »ko« und schon gar nicht nach Punkten will ich ihn besiegen, sondern durch einen echten »ko«. Ich zahle es ihm wohl im Traum heim, dass er mich als Kind schlug und räche mich an ihm, da er Mona heiratete.

Wehmütig werde ich beim Anhören des Liedes »The Boxer« von Simon und Garfunkel, obwohl der Text nicht sehr viel mit meiner Geschichte zu tun hat. So selektiv können Gefühle in Wallung gebracht werden:

»In the clearing stands a boxer
And a fighter by his trade
And he carries the reminders
Of every glove that laid him down«

Mona ist für mich heute Vorstellung und Gefühl der unendlichen Liebe. Vermutlich deshalb bin ich im Kino immer wieder gerührt, wenn Liebende zusammenkommen oder wenn sie sich trennen. Mozarts Lied singt dann in mir: »Die Engel Gottes weinen, wo Liebende sich trennen …«

Der Seiltanz über dem Abgrund zwischen Melancholie und Heiterkeit begleitet mich seit meinen ersten Kindheitsjahren. Darin bin ich geübt. Die Übung bringt den Vorteil mit sich, dass ich mir ab und an einige Depressionstage gönnen kann, ohne Angst zu bekommen, die Depression nicht loswerden zu können. Das ist doch was. Depressionen werden ja viel unerträglicher, wenn man die Gewissheit hat, sie nicht mehr loszuwerden. Zuweilen kommt in den Depressionsphasen die Bitterkeit verbreitende Frage auf: warum bin ich nicht früher aufgewacht? Aber wie gesagt: solche Phasen – und diese Frage – vergehen schnell.

Ansonsten verfolge ich regelmäßig die Berichterstattung des privaten arabischen Fernsehsenders aus Katar »Al Jazeera«, um mich über die religiös-konservative Sicht der Dinge in den arabischen Ländern zu informieren, die sich immer mehr der Religion zuwenden und um mein Arabisch zu verbessern, auch wenn mir allein die Zeitansage auf Al Jazeera Übelkeit bereitet. Nicht die koordinierte Weltzeit (Coordinated Universal Time, abgekürzt UTC) ist dort der Maßstab, sondern die Mekka-Zeit.

Sieht man zähneknirschend davon und auch noch von den panarabischen Floskeln »das arabische Volk«, »die arabischen Brüder« etc. ab, so bleibt noch die entsetzliche Berichterstattung mit Live-Bildern von ermordeten Aktivisten in Gaza und anderswo. Der Sender schreckt nicht davor zurück, solche Mittel einzusetzen, um die Gemüter anzuheizen. Unumwunden gebe ich zu, dass auch ich gelegentlich davon erfasst werde. Ich beruhige mich dann, in dem ich zärtlich die hohen Mauern streichle, die ich mir im Laufe des Lebens gegen meine Vergangenheit gebaut habe.

»Sie kommen von da unten: darf denn überhaupt gehofft werden?«

So oder so ähnlich stellt man mir oft die Frage zum sogenannten Nahostkonflikt. Ich sehe dann mit Magenkrämpfen vom geistreichen ersten Teil der Frage ab.

Was man von mir hören will, ist nicht unbedingt das, was die Medien verbreiten. Man meint wohl, ein Betroffener (das ist einer, »der von da unten kommt«), weiß es besser oder er weiß zumindest anders zu berichten, eben »echter«. Ich nenne die Menschen, die mir diese Frage stellen, Ethnologen. Denn auch sie glauben oder hoffen, den »echten Informanten«, den Eingeborenen, oder manchmal den Wilden vor sich zu haben. Die Möglichkeit, dass es den »echten Informanten« gar nicht gibt, erwägen sie wohl nicht. Je nach Laune gefalle ich mir in diesem Bild des Wilden »von da unten«. Ich bin dann ein exotisches Spectaculum (Roland Barthés).

Die Frage zum Nahostkonflikt beantworte ich mit dem einleitenden Satz: Ich kann ihn nicht vollständig wie ein Unbeteiligter betrachten. Mein Leben ist ja mit der »Sache« verwoben. Ich kann das, was ich für mich persönlich gelernt habe, nicht von der Sache trennen. Mit anderen Worten »ich bin subjektiv«. Als Erstes habe ich in meinem Leben gelernt, mit der Vergangenheit nicht in Groll abzurechnen, sondern vielmehr das zu tun, was Brecht predigte: »Frag nicht, was man aus mir gemacht hat, frage lieber: Was habe ich gemacht aus dem, was man aus mir gemacht hat.« Gewiss mag dieser Satz in manchen Ohren hart klingen und nachklingen. Und zu Recht werden manche Menschen sagen, dass ein Privilegierter wie ich, der die Möglichkeit bekam, sich fern von Krieg und Elend zu bilden, den Satz Brechts vertreten kann, andere aber nicht. Ich stimme dem zu. Deshalb bin ich ja auch kein »echter Informant«.

Und trotzdem glaube ich, dass in dem Satz Brechts etwas steckt, was für den Nahostkonflikt relevant ist. Solange die Menschen mit Groll zurückschauen und sich fragen, was man aus ihnen gemacht hat, werden sie auf Rache schwören und der anderen Seite unendliche Vorwürfe machen. Im Bewusstsein ihrer leidvollen Geschichte werfen die Israelis den Palästinensern vor, auch sie würden sie vernichten wollen und die Palästinenser werfen den Israelis vor, sie würden aus ihnen die neuen Juden der Juden machen. Wer in den Vorwurfs-Wettbewerb beschwichtigend eingreifen will, wird entweder hinaus katapultiert oder er wird einer der zwei streitenden Parteien zugerechnet. Beide Optionen sind furchtbar und nicht gerade fruchtbar.

Dass Brechts Weisheit alleine nicht ausreicht, um Hoffnung auf eine Lösung des Nahostkonflikts aufkeimen zu lassen, ist mir allerdings auch klar. Darf denn gehofft werden, ohne dass das Hoffen lauter Trugbilder gebiert?

Ja. Wir Menschen neigen zur Geschichtsvergessenheit. Blutige Konflikte zwischen Nationen über Jahrzehnte hat es schon immer gegeben. Bereits im 17. Jahrhundert war eine erbitterte Feindschaft zwischen Frankreich und Deutschland vorhanden und die bewaffneten Auseinandersetzungen währten bis zum 20. Jahrhundert. So sicher wie die Existenz dieser Konflikte ist aber deren Beilegung. Warum soll also eine friedliche Lösung des Nahostkonflikts nicht möglich sein? Allein die Arabische Friedensinitiative (Arab Peace Initiative API), im März 2002 von der Arabischen Liga verabschiedet, zeigt eine Annäherung der Positionen. Die Initiative beinhaltet das Angebot, dass, sollte sich Israel auf die Grenzen von 1967 zurückziehen und einen unabhängigen palästinensischen Staat mit Ost-Jerusalem als Hauptstadt anerkennen, die arabischen Staaten zur »Normalisierung« ihrer Beziehungen mit Israel bereit seien. Zudem fordert sie eine Lösung der Flüchtlingsfrage in Übereinstimmung mit der UN-Resolution 194 aus dem Jahre 1948. Im Artikel 11 dieser Resolution heißt es, dass es den palästinensischen Flüchtlingen erlaubt werden sollte, »zum frühest möglichen Termin in ihre Heimat zurückzukehren« und dass diese Empfehlung sich nur auf jene bezieht, die wünschen, im Frieden mit ihren Nachbarn zusammen zu leben.

Ich weiß, dass es schwerwiegende Hindernisse und Rückschläge gibt. Aber es ist nicht lange her, dass kein arabischer Staat bereit war, den Staat Israel anzuerkennen. Ägypten und Jordanien haben Friedensverträge mit Israel, und der Frieden ist nicht überall ein kalter Frieden. Mit anderen Worten: Man kann nicht leugnen, dass sowohl Araber als auch Israelis von ihrem harten Konfliktkurs immer wieder abweichen, zuweilen kaum umkehrbar. Die Friedensinitiative in Israel (Peace Now), gegründet im Jahre 1978 verzeichnet heute eine beachtliche Zahl an Mitgliedern und Sympathisanten.

Man darf auch die Bildung nicht aus den Augen verlieren. Zumindest auf der Westbank und in der Diaspora weisen Palästinenser unter Arabern ein vergleichsweise hohes Bildungsniveau auf. Auch in Israel ist das Bildungsniveau recht hoch. Dass Bildung zumindest die Wahrscheinlichkeit erhöht, dass Menschen lernen, Argumente aus mehreren Blickwinkeln zu betrachten, mag Hoffnung aufkeimen lassen. Allerdings kommt es darauf an, welche Bildung gemeint ist. Jedenfalls müsste sie nicht primär auf das Anhäufen von Wissen ausgerichtet sein. Sie müsste vielmehr einen analytischen Schauspieler hervorbringen, der in der Lage ist, sich argumentativ und emotional in die Perspektive des Anderen zu begeben, im

Vertrauen darauf, dass er ihn verstehen und dass der Andere prinzipiell im Recht sein kann. Genau eine solche Bildung muss auf beiden Seiten gefördert werden.

Und trotzdem: Leider ist die Hoffnung auf Frieden dann trügerisch, wenn zwei janusköpfige Ur-Waffen der Menschheit ins Spiel kommen: Religion und Kollektiv-Zusammengehörigkeit bzw. die damit einhergehende Abgrenzung. Letzteres nimmt bekanntlich dann zu und sie kann extremistische Formen annehmen, wenn eine Gefahr »von außen« wahrgenommen wird. Raketen aus dem Gaza-Streifen auf Israel sowie Selbstmordattentate und illegale Besiedlung sowie unverhältnismäßige Vergeltungsaktionen führen dazu, dass die Mitglieder der jeweiligen Gegenseite zu Ungeziefer abgestempelt werden. Hass und Rachegelüste potenzieren sich. Die Kollektiv-Zusammengehörigkeit gewährt dem Einzelnen Halt und Geborgenheit in der eigenen Gruppe, jedoch geht sie unter bestimmten Bedingungen mit einer Ausgrenzung und Diskriminierung des Anderen einher. Genau das geschieht tagtäglich zwischen Palästinensern und Israelis.

Mit der Religion ist es komplizierter und schwerer wiegend. Sie kann eine ungeheure Mobilisierungskraft bei Gläubigen entfalten. Im günstigen Fall spendet die Religion Halt, Hoffnung, Sinn und vieles mehr. Sie kann eine ungeheure Kraft für Wohltätigkeit und für das Ertragen von Leid spenden. Aber nicht nur und nicht immer. Vor allem die drei monotheistischen Religionen mit ihrem Absolutheitsanspruch auf EINE Wahrheit können auch zerstörerisch wirken. Unzählige Beispiele lassen sich aufführen. Die Kreuzzüge und der Irlandkonflikt sind nur zwei Beispiele. Vielerorts hört man das Argument, die Religion werde für politische Zwecke missbraucht. Das mag zwar zuweilen der Fall sein, es trifft jedoch den Kern der Sache nicht. Die Religion ist zweischneidig, so auch der Islam und das Judentum. Manche orthodoxe Juden, die auch im Knesset (das Einkammerparlament Israels) relativ stark vertreten sind, erheben den Anspruch auf ein Großisrael, eben auf das gesamte Gebiet zwischen Mittelmeer und dem Fluss Jordan, auf Teile Jordaniens und bei manchen radikalen Knesset-Abgeordneten auf die Gebiete des Libanons, Syriens und Ägyptens. Für sie ist die illegale Besiedlung palästinensischer Gebiete sozusagen von oben legitimiert. Manche orthodoxe Muslime rechtfertigen die Tötung von Israelis mit einer Verheißungsgeschichte: Wer »den Feind« tötet, kommt in den Himmel. Die Absurdität dieser Verheißung wird mit dem Hinweis auf 52 Jungfrauen im Paradies gesteigert, auf die der »Märtyrer« dann treffen werde! Im Gegensatz zum Bereich des Wissens gibt es nun mal keine Verfahren und Methoden zur Unterscheidung zwischen objektiv gerechtfertigtem und bodenlosem Glauben. Wie denn auch!

In dem Nahostkonflikt geht es ja auch um die heiligen Stätten der drei monotheistischen Religionen, vor allem in Jerusalem. Wer einmal zugeschaut hat, wie die Gläubigen gen Klagemauer, Al-Aqsa-Moschee oder in Richtung Via Dolorosa mit ihren fanatischen Blicken marschieren, fühlt es geradezu, wie stark die Religion pragmatische politische Lösungen verhindern kann. Tragischerweise kann der Glaube die mögliche positive Wirkung von Bildung außer Kraft setzen. Gläubige Juden, Christen und Muslime können trotz ihrer Bildung ebenso töten wie nicht Gläubige oder Andersgläubige.

Man sollte noch zwei Fragen, die miteinander verwoben sind, nicht außer Acht lassen. Erstens: es geht um die ökonomische, ressourcenbezogene Überlebenschance eines unabhängigen palästinensischen Staates. In Israel und in dem noch nicht anerkannten palästinensischen Staat sowie in Jordanien herrscht ein gravierendes Problem der Wasserknappheit. Dieses Problem kann nur durch eine enge Zusammenarbeit der drei Staaten gelöst werden. Die Wasservorkommen in den Autonomiegebieten reichen heute nicht aus. Die palästinensischen Bewohner müssen zusätzlich benötigtes Wasser in Israel teuer einkaufen. Ein palästinensischer Staat kann ohne eine wohlwollende Wirtschaftspolitik Israels nicht überleben. Seit Jahren überqueren täglich Scharen von Palästinensern - legal und illegal - die Grenze, um in Israel zu arbeiten. Des Weiteren ist es kaum vorstellbar, dass in den voneinander getrennten Gebieten des noch nicht anerkannten palästinensischen Staates - das sind die Westbank und der Gazastreifen - eine halbwegs gesunde Ökonomie und adäquate Beschäftigung ohne räumliche Verbindung gedeihen können. Die Arbeit, nach Hegel »gehemmte Begierde«, verspricht die Sicherstellung von Einkommen und Anerkennung und beide sind unendlich wichtig für ein Leben, von dem man sich ungerne verabschiedet.

Zweitens: Die benachteiligte arabische Bevölkerung macht heute ca. 20% der Bevölkerung Israels aus. Bei einer weitaus höheren Wachstumsrate als bei der jüdischen Bevölkerung wird dieser Prozentsatz steigen. Bedenkt man auch, dass die Nettomigrationsrate von Juden nach bzw. aus Israel rückläufig ist, lässt sich heute schon mit guten Argumenten feststellen, dass Israel eine friedliche Lösung des Nahostkonflikts dringend benötigt. Vielleicht ist die demographische Dimension des Konflikts heute der Öffentlichkeit noch nicht bewusst oder man versucht, sie zu ignorieren. Das kann allerdings nicht lange anhalten. Auch in Israel weiß man, dass ein rein jüdischer Staat - allein aus demographischen Gründen - am Nahostkonflikt zerbrechen kann. An einer Versöhnung, begleitet von pragmatischen politischen Lösungen, führt kein Weg vorbei.

Die pragmatischen politischen Lösungen betreffen nicht nur Israel und den palästinensischen Staat in spe. Es geht auch um die innerpalästinensische Einigung zwischen den rivalisierenden palästinensischen Gruppierungen Fatah und Hamas und anderen Splittergruppen (wie z. B. der radikalen »Harakat al-Dschihad al-Islami«). In der Berichterstattung der deutschen Medien wird Hamas als »radikal islamisch« bezeichnet. Diese leider geläufige Bezeichnung ignoriert die Tatsache, dass Hamas alles andere als homogen ist bzw. dass es unterschiedliche Strömungen beherbergt. Geht es um hiesige Parteien, wie z. B. die SPD, dann ist es eher der Normalfall, zwischen einem linken und einem rechten Flügel der Partei zu unterscheiden. Bei der Hamas hingegen wird ohne Wissen eine pauschale negative Bezeichnung verwendet. Das nennt man ein negatives Vorurteil. Tatsache ist, dass es Gruppierungen in der Hamas gibt, die sicherlich zu einer Einigung mit der Fatah zu bewegen sind, wohingegen andere kaum die Bereitschaft zu einem Einigungsgespräch zeigen. Das stellt in der Tat ein gravierendes innerpalästinensisches Problem dar. Leider ist in den bewaffneten Konfrontationen zwischen den beiden Fraktionen zu viel Blut geflossen. Hinzu kommt die Einmischung von außen, so z. B. durch den Iran, Saudi Arabien und Katar, was den Aussöhnungsprozess erschwert.

Die Korruption unter der Ägide von Yasser Arafat sowie das ständige Scheitern von Friedensbemühungen haben zum Sieg der Hamas bei den Wahlen im Jahre 2006 wesentlich beigetragen. Diese, und die unentwegte Abriegelung des Gaza-Streifens sind entscheidende Gründe für die Radikalisierung auf Seiten der Palästinenser. Bedenkt man, dass allein die Abriegelung Gazas eine enorme Arbeitslosigkeit verursacht und Armut dadurch zum Normalfall wird, lässt sich die Radikalisierung verstehen.

Zu einer Versöhnung zwischen Fatah und Hamas können jedenfalls mehrere Schritte wesentlich beitragen: Aufhebung der Abriegelung des Gaza-Streifens durch Israel, Einstellung der willkürlichen Verhaftungen und Repressalien gegenüber Palästinensern, Entlassung der zahlreichen palästinensischen politischen Häftlinge und vor allem echte Fortschritte bei den Friedensverhandlungen. Ob diese Schritte am Ende ausreichen werden, um die Gräben zwischen Fatah und Hamas zu überbrücken, mag dahin gestellt sein.

Ich träume immer wieder davon, nach Palästina zu reisen und am dortigen Flughafen anzukommen. Bislang weigert sich Israel, den palästinensischen Flughafen in Betrieb nehmen zu lassen. Jeder Palästinenser – auch Politiker und Diplomaten – benötigen die Ausreisegenehmigung der israelischen Behörden.

Werde ich dann am palästinensischen Flughafen diffuses Heimweh bekommen?

Ich werde palästinensisches Geld wechseln und auf Straßen fahren, die das Westjordanland mit dem Gazastreifen verbinden. Natürlich werden die Straßen denen der israelischen Siedler mindestens ebenbürtig sein. Die Palästinenser in Israel werden nicht mehr wie Unmenschen behandelt, und ich würde überall zu sehen bekommen, dass die Palästinenser auch in der Lage sind, einen funktionierenden Staatsapparat aufzubauen. Vielleicht würde ich sogar beim Aufbau mithelfen. Vielleicht. Den längst abgelaufenen palästinensischen Flüchtlingspass habe ich ja noch.

Träume und Tatsachen – so traurig Letztere teilweise sein mögen – veranlassen mich in der Gesamtschau doch zur Hoffnung auf einen dauerhaften Frieden zwischen Israel und einem palästinensischen Staat. Es ist hoffentlich nur eine Frage der Zeit. Vielleicht bin ich auch notorisch hoffnungsvoll. Ich träume ja auch davon, dass es langfristig nur einen Staat gibt, in dem Palästinenser und Israelis friedlich zusammenleben. Wer weiß. Vielleicht wird es so sein.

....

So antworte ich, mein lieber Elias, auf die Frage nach dem Nahostkonflikt. Mehr habe ich dazu nicht zu sagen.

Epilog: Ende nach dem Ende

Ich (ich meine jetzt »ich«) muss mit dem Schreiben aufhören. Seit geraumer Zeit schreibe ich wie besessen Nonos Leben auf und habe keine Nachtruhe mehr. Goethes Schlussverse in seinem Gedicht »An den Mond« bewahrheiten sich:

Was, von Menschen nicht gewußt
Oder nicht bedacht,
Durch das Labyrinth der Brust
Wandelt in der Nacht.

Ich stehe dann morgens auf, fange mit dem Schreiben an und kann damit nicht aufhören. Es muss wohl so sein, dass das, was mir nachts geträumt, sich beim Schreiben einstellt. Und so geht es Tag für Tag weiter. Damit ist jetzt Schluss. Vorerst.

Ohnehin spricht Nono nicht mehr. Was er sagen will, kann und will er in seiner Sprache nicht mehr sagen. Also wird geschwiegen, gleichsam als Anordnung. Daran ist er selbst schuld. Aber was heißt schon »schuld«!

Ich muss warten und hoffen, dass er irgendwann wieder zu reden beginnt. Vielleicht schreiben »wir« eines Tages eine Fortsetzung. Vielleicht.

Sollte eine Fortsetzung erfolgen, sie müsste den Titel »Ankommen in der Welt« tragen. Dies wird mein Vorschlag an ihn sein.

Ich möchte dieses Buch über Nonos Leben mit einem Satz abschließen, der wahrlich von ihm stammen könnte (so weit bin ich also gegangen!):

Getrenntes reicht sich die Hand und wird zahm.
Verstand, Sinn, Erinnerung: Versinnerung.

Hamid Reza Yousefi

DORNENFELDER

232 Seiten,
kartoniert
ISBN 978-3-941400-37-5

EUR 12,95

www.lau-verlag.de

In dieser ergreifenden Lebensschilderung führt uns der Philosoph Hamid Reza Yousefi durch die unbekannte Welt des Iran und die Innenwelt eines Denkers, der aus den Wirren des Krieges in ein deutsches Migrantenschicksal katapultiert wird und dieses meistert. Er geleitet den Leser durch seine intensiven Erlebnisse in Krieg und Frieden, Ost und West, seiner Liebe, die er in Deutschland fand, seiner intellektuellen Leidenschaft und seinen Schwierigkeiten als permanenter Grenzgänger zwischen den Kulturen. Yousefi, der sich selbst als ein ›Insider und Outsider‹ zugleich bezeichnet, bringt uns seine Erlebnisse und Erkenntnisse aus der erfrischenden Perspektive eines Menschen nahe, der die Welt nicht nur in schwarz und weiß, sondern in vielerlei Schattierungen wahrnimmt. Damit öffnet er Türen, durch die es sich zu gehen lohnt: intellektuell, emotional, liebevoll und mit unendlich viel Verständnis. So schafft er ein neues Genre: Die Brückenliteratur.